Jean Cocteau

WERKAUSGABE IN ZWÖLF BÄNDEN

Herausgegeben von Reinhard Schmidt

Band 9

KRITISCHE POESIE I

FISCHER TASCHENBUCH VERLAG

Jean Cocteau

DAS BERUFSGEHEIMNIS

DAS BERUFSGEHEIMNIS
Aus dem Französischen übersetzt
von Ingrid Axmann

ZU THOMAS DEM SCHWINDLER
Aus dem Französischen übersetzt
von Reinhard Schmidt

BRIEF AN JACQUES MARITAIN
Aus dem Französischen übersetzt
von Ingrid Axmann

BARBETTE
Aus dem Französischen übersetzt
von Reinhard Schmidt

DAS WELTLICHE GEHEIMNIS
Aus dem Französischen übersetzt
von Friedhelm Kemp

DIE RÖMISCHE IMPROVISATION
Aus dem Französischen übersetzt
von Reinhard Schmidt

FISCHER TASCHENBUCH VERLAG

Ungekürzte Ausgabe
Veröffentlicht im Fischer Taschenbuch Verlag GmbH,
Frankfurt am Main, April 1988

Umschlaggestaltung: Manfred Walch
Herstellung: Alexander Gutfreund
Satz: Fotosatz Otto Gutfreund, Darmstadt
Druck und Bindung: Clausen & Bosse, Leck
Printed in Germany
ISBN 3-596-29209-3

Über dieses Buch Dieser Band stellt fünf essayistische Texte aus den zwanziger Jahren, Cocteaus literarisch wohl fruchtbarster Zeit, vor. Sie alle kreisen um das »Berufsgeheimnis« des Künstlers, wie der erste Aufsatz dieser Sammlung betitelt ist: Was macht die Poesie aus, worin schlägt sie sich nieder, wie geht der Künstler zu Werke?
Kunst ist für Cocteau ein Handwerk, dessen Techniken es zu meistern gilt, und zugleich Ort einer tiefgreifenden persönlichen Verstörung. Davon handelt dieses Buch, ob Cocteau hier nun über seinen Opiumgenuß aufklärt, sein Verhältnis zur Religion oder Stilfragen erörtert, ob er den Auftritt eines Transvestiten und Trapezkünstlers schildert, die Atmosphäre von Giorgio de Chiricos Bildern einzufangen versucht, eigene Arbeiten kommentiert oder erläutert, was er unter den in seinem Werk so oft wiederkehrenden Engeln versteht. Dabei sind diese Texte nicht nur Reflexion über Kunst, sondern selbst Ausdruck einer poetischen Haltung.
Am Schluß des Bandes ein Sprung in das Jahr 1953: Cocteau spricht über seinen Freund Pablo Picasso und ihrer beider künstlerische Vergangenheit.

JEAN COCTEAU
WERKAUSGABE IN ZWÖLF BÄNDEN

☆

DIE GROSSE KLUFT · DAS WEISSBUCH
Erzählende Prosa I

THOMAS DER SCHWINDLER
DAS PHANTOM VON MARSEILLE
Erzählende Prosa II

KINDER DER NACHT
Erzählende Prosa III

DIE HOCHZEIT AUF DEM EIFFELTURM
ORPHEUS · DIE HÖLLENMASCHINE
Theater I

DIE GELIEBTE STIMME · DER DOPPELADLER
Theater II

OPERA · CHORAL
Gedichte I

SPIEGELSCHRIFTEN
Gedichte II

DAS BLUT EINES DICHTERS
DIE SCHÖNE UND DAS TIER · ORPHEE
Filme

DAS BERUFSGEHEIMNIS
Kritische Poesie I

OPIUM
Kritische Poesie II

DIE SCHWIERIGKEIT, ZU SEIN
Kritische Poesie III

DIE FARBEN DER ERINNERUNG
DER LEBENSWEG EINES DICHTERS
Kritische Poesie IV

INHALT

DAS BERUFSGEHEIMNIS

Aus dem Französischen übersetzt
von Ingrid Axmann

Den Studenten der Philologischen Fakultäten von Genf und Lausanne in Dankbarkeit gewidmet.

Weder sollte man die verschiedensten Denkweisen über einen Kamm scheren noch ohne große Überlegung schlecht finden, was ganz einfach außergewöhnlich ist. Sonst geht es einem wie jenem armen Norweger, der zum ersten Mal in seinem Leben Rosen sah. Es heißt, er staunte darüber, daß es feuertragende Bäume gibt, und aus Angst, sich die Finger zu verbrennen, soll er sich nicht an sie herangewagt haben.

GUEZ DE BALZAC

Nichts wäre verfehlter, als dem Autor Hochmut zu unterstellen, wenn er hier über allseits anerkannte Meisterwerke und über sich selbst urteilt. Wer sich allerdings verteidigt, ehe überhaupt ein Vorwurf gegen ihn erhoben wurde, muß wohl Anlaß zu Befürchtungen haben. Bemüht man sich nämlich um eine Sicht aus höherer Warte, mag es zuweilen den Eindruck erwecken, als wolle man sich ganz einfach nach vorne drängen.

Im übrigen haben Reflexionen eines Einzelgängers in den Augen der anderen immer etwas herausfordernd Aristokratisches an sich. Es gibt nichts Störenderes als die Aristokratie, welcher Art sie auch sein mag. Ein Buch wie *La Princesse de Clèves* ist, auf solcher gesellschaftlichen Ebene, ein Meisterwerk seines Genres. Verglichen mit diesem zugleich göttlichen, menschlichen und unmenschlichen Märchen erscheinen jene Romane, in denen geschildert wird, was Tolstoi »die besseren Kreise« nennt, schrecklich vulgär. Das Buch der Madame de La Fayette läßt die feine Gesellschaft der vorzüglichsten Romane zur Halbwelt geraten.

Das gleiche gilt in intellektueller Hinsicht für *Ecce Homo* von Nietzsche. Jedes Buch, das man an ihm mißt, wirkt einfältig.

Für den, der darin zu lesen versteht, enthält es jedoch Naivitäten, die von einer aristokratischen Einsamkeit zeugen. Niemand ist naiver als die Prinzen. Alles versetzt sie in Erstaunen.

Nietzsche schreibt in *Ecce Homo*: »Frankreich verfügt über Psychologen vom Format einer Madame Gyp, eines Guy de Maupassant und eines Jules Lemaitre.« Als ich Jules Lemaitre eines Tages diesen Satz zitierte und mich über die merkwürdige Aufzählung wunderte, war er sehr nachsichtig mit mir: »Mein Kind«, sagte er, »Nietzsche redet eben über das, was auf dem Bahnhof von Sils-Maria zu finden ist.« Dieses Bonmot wirft ein bezeichnendes Licht auf die Gefahren der Einsamkeit.

Ich vergleiche mich mit keinem Prinzen dieser Erde und führe die großen Namen lediglich als Beispiel an. Aber Einsamkeit bleibt Einsamkeit, und die folgenden Aufzeichnungen wurden in Einsamkeit geschrieben. Sie gewinnen und verlieren dadurch. Sie gewinnen an Offenheit, verlieren indes an Vorsicht und Höflichkeit, wie sie uns das Leben in den Großstädten lehrt, und diese Eigenschaften erst nehmen der Autorität das Ungehobelte.

Zudem habe ich die Angewohnheit, die Schafe wieder auseinanderzutreiben, sobald sich eine Herde sammelt. Auf diese Weise werde ich nach und nach ein sehr kleines, aber um so zuverlässigeres Publikum haben. Es ist mir also nicht neu, fast oder ganz auf mich alleine gestellt zu sein. Dieser angenehme Zustand literarischer Einsamkeit verstärkt die Einsamkeit der Sommerfrische, auf die ich bereits anspielte.

Alleine zu leben, insbesondere am Meer, gibt dem Geist etwas Urwüchsiges und Kindliches wieder.

Ich kenne einen kleinen Jungen, der ältere Damen nach ihrem Alter zu fragen pflegte. Die Antworten lagen zwischen siebzig und achtzig Jahren. Darauf sagte er mit eiskaltem Blick: »Dann haben Sie ja nicht mehr lang zu leben.«

Eine solche Grobheit, die sich über das gesamte zerbrechliche Bauwerk der Zivilisation hinwegsetzt, kann einen Einzelgänger nicht erstaunen. Mit der gleichen Treuherzigkeit wird er denken: Mein Werk wird lange Bestand haben.

☆

Die Klassiker und die Romantiker. Racine gegen Shakespeare. Dieser Krieg ist eindeutig. Die Griechen stehen den Trojanern gegenüber. Der Fortschritt hat uns undurchschaubarere Kriege eingebracht. Wir wollen uns daher wie ein Taucher irgendwo hinabstürzen, mitten ins Gewirr, und wenn uns dabei auch kein Ariadne-Faden leitet, so sind wir doch wenigstens mit einigen Gegengiften ausgerüstet.

☆

Der Stil kann nicht der Ausgangspunkt sein. Er ist eine Folge. Was ist überhaupt der Stil? Für viele Leute eine komplizierte Art, ganz einfache Dinge zu sagen. Unserer Meinung nach: eine ganz einfache Art, sehr komplizierte Dinge zu sagen. Ein Stendhal, ein Balzac (der Autor des *Père Goriot*, der *Cousine Bette*) versuchen vor allen Dingen, ins Schwarze zu treffen. Neun von zehn Malen gelingt es ihnen, und zwar ohne besondere Vorkehrungen. Gerade indem sie ohne Vorbedacht ans Werk gehen, bildet sich eine für sie kennzeichnende Vorgehensweise heraus, die sie je nach den erzielten Ergebnissen dann beibehalten;

eben diese Art des Anlegens, des Zielens, des raschen und sicheren Schießens bezeichne ich als Stil.*

Flaubert denkt nur ans Anlegen. Das Ziel ist nicht so wichtig. Er poliert seine Waffe. Die Schießbudenbesitzerin, die *den Zielscheiben den Rücken zuwendet*, mustert ihn. Was für ein schöner Mann! Was für ein Jäger! Welch ein Stil! Ob der Schütze ins Schwarze trifft, ist ihr recht gleichgültig. Hauptsache ist, daß er konzentriert und elegant anlegt, und vor allem, daß er nichts überstürzt.

Die Zielscheibe? Sie befindet sich in zehn Meter Entfernung: unendlich weit für die Kurzsichtigen und jene Leute, die nicht weiter sehen wollen, als ihre Nasenspitze reicht. Für die Elite also.**

Wie weit sind doch die angeblich realistischen Werke Flauberts von der Wirklichkeit entfernt! In *Madame Bovary* zum Beispiel, wo die Bemühung um das Anlegen aus jeder Seite spricht, wimmelt es von unrealistischen Szenen. Der Roman ist eine Bilderserie, die auf der neusten Ausstellung Eindruck machen soll. Mit einem Augenzwinkern bedeutet der Maler seinen Kollegen: »Ihr werdet ganz schön staunen.« Die dargestellten Motive sind eine ländliche Hochzeit, ein Spazierritt, eine Klumpfußoperation auf dem Dorf, die Kutschfahrt der Ehebrüchigen, der blinde Bettler, Priester und Freidenker, die einander am Sterbebett einer in ihr Brautgewand gekleideten Toten zuprosten.

Es würde eine endlose Liste ergeben, wollte man alle

* Weniger pauschal zu urteilen würde ein anderes Buch erfordern. Unser Buch beruht auf Extremen, auf Schwarzweißmalerei. Wir lassen hier die goldene Mitte, d. h. den erstklassigen Schützen, aus: den, der zugleich geschickt anlegt und sicher trifft.

** Man darf das schnelle Schießen nicht mit dem schnellsten Weg, mit einem kurz gehaltenen Werk, verwechseln. Marcel Proust trifft hundertmal ins Schwarze, während man glaubt, er sei noch am Anlegen.

Kugeln aufzählen, die aus Sorge um eine elegante Schußposition danebengingen. Das Musterbeispiel ist jene inhaltsleere Szene bei den Bovarys zu Hause, während der die Schreie Hippolytes zu hören sind. Sie dient lediglich als Vorwand für ein schauderhaftes Genrebild. Oder jene andere, in der Bovary seiner Frau in der Rue Renelle des Maroquiniers begegnet.

An einer einzigen Stelle möchte man glauben, dem Ziel der von uns geschätzten Schriftsteller nahe zu sein: als Leon sich von Homais überreden läßt, mit ihm herumzuziehen. Es gibt in dieser Szene einen großartigen Moment der Willensschwäche, ein großartiges *Yes* aus dem Munde Homais'.

Wie viele Klagegründe wurden nicht vorgebracht, um dieses Buch zu verurteilen! Ernest Pinard hätte ziemliche Verwunderung hervorgerufen, wenn er unter anderem an der Klumpfuß-Passage Anstoß genommen hätte. Sie ist viel unmoralischer als die übrigen, ganz wie uns auf der Kirmes das Kabinett anatomischer Abnormitäten mehr schockiert als die nackten Frauen, die als Dekoration auf die Berg- und Talbahn gemalt sind.

Es ist schwierig, sich darüber einig zu werden, was unter Realitätssinn zu verstehen ist. Meist berufen sich jene auf ihn, die ihn nicht besitzen, um diejenigen zu attackieren, die ihn besitzen.

Die Photographie ist irreal, sie verändert den Blickwinkel, unter dem die Dinge erscheinen. Stumpfsinnig registriert sie mit ihrem Kuhauge, was unser Auge dem jeweiligen Zweck anpaßt und entsprechend ins Bild setzt. Unter unseren Malern ist Degas ein Opfer der Photographie, so wie die Futuristen Opfer des Kinos wurden. Ich kenne Photos, die Degas selbst vergrößerte und direkt in Pastellfarben übertrug, so begeistert war er von der Raumaufteilung und der Verkürzung und Verzerrung des Vordergrundes.

Genauso erstaunlich ist, daß Flaubert zwar jedes einzelne Motiv sorgfältig ausarbeitet, dafür aber seine Geschichte nur nachlässig erzählt, unversehens von einem Zeitabschnitt zum anderen übergeht und sich schwerfällig von Detail zu Detail wälzt.

Den zielbewußten Schützen kann man diesen Vorwurf nicht machen. Sie feilen nichts aus, sie flattern einfach hin und her. Sie stürzen sich auf die Blumen und saugen den ganzen Honig in einem Zug aus.*

Der *Stil als Ausgangspunkt* ist eine große Schwäche. Solche Schwäche ist charakteristisch für jene Epochen, in denen es zu nichts führt, wenn man einfach blind auf seinen Selbsterhaltungsinstinkt vertrauend ins Wasser springt.**

Nach dem Sturm, nach der notwendigen Rückkehr zu Ruhe und Mäßigung begegnet man in der Kunst dem Phänomen, daß es von auf das Anlegen bedachten Exzentrikern nur so wimmelt. Sie vermitteln den Eindruck heilloser Unordnung. Zuweilen treffen sie, vor allem aber geht es ihnen ums Anlegen. Es handelt sich um eine Art klassischer Romantik – woran man merkt, daß wir uns in einem Labyrinth befinden. Alles ist unecht: die Bündigkeit, die Schnelligkeit, die Eile, das Ziel zu erreichen. Spielt man die Metapher ganz durch, könnte man sie mit jenen Schützen vergleichen, die über einen Spiegel zielen, oder mit dem Kopf nach unten, zwischen den Beinen hindurch. So machte es der Trickschütze Robert, bis zu dem Tag, an dem ein einfallsreicher General auf den Gedanken kam,

* Wo Balzac den Eindruck vermittelt, etwas auszufeilen, schindet er in Wirklichkeit bloß Zeilen. Dafür haben wir vollstes Verständnis.

** Stilisierung im Bereich der plastischen Künste. Skulptur: späte ägyptische Kunst. Großer Teil der Negerplastiken. Empire, Canova und heutzutage: Bourdelle.

ihn Garros als Partner vorzuschlagen. Die Idee gefiel ihm, man probierte es aus. Robert verfehlte alles. Er behauptete, daß es ihn durcheinanderbrächte, ohne seinen falschen Bart zu schießen. Der falsche Bart wurde ihm gestattet. Er schoß immer noch vorbei. Schließlich gestand er, ein ziemlich schlechter Schütze zu sein und sich gewöhnlich eines versteckten Helfers zu bedienen, was er sich jedoch nicht zu sagen getraut habe, weil seine Papiere nicht in Ordnung waren.

Ein Tick, so nobel er auch sein mag, ist niemals Stil. Sich um den Stil bemühen, heißt, sich um den Gedanken bemühen, ihn zu formen, ihn klar herauszustellen. Versteht man unter Stil etwas anderes, so kann er nur das Denken trüben oder schwerfälliger machen.

Der wahre Schriftsteller schreibt schlank und muskulös. Alles übrige ist Speck oder Magerkeit. Beim aufs Anlegen bedachten Exzentriker, der sich immer noch so großer Beliebtheit erfreut, gehen Fettleibigkeit und Magerkeit eine scheußliche Verbindung ein.

☆

In ihrer Naivität glaubt die Jugend, daß gewisse Ungerechtigkeiten sich unmöglich wiederholen können. Zum Beispiel, daß ein Rimbaud, ein Cézanne nie mehr ohne Publikum, ohne internationale Miliz zu ihrer Verteidigung dastehen würden.* Nun, gewiß wäre dem so, wenn sie oder jene, die in ihre Fußstapfen traten, wiederauferstünden. Die begangene Ungerechtigkeit wird an ihren Kindern und Kindeskindern gutgemacht werden. Aber dem neuen Unangepaßten, dem neuen Rimbaud, dem neuen Cézanne,

* Rimbaud und Mallarmé sind zu Adam und Eva geworden. Der Apfel ist von Cézanne. Wir werden immer die Last der Erbsünde mit uns herumtragen.

wird der gleiche Empfang, die gleiche Einsamkeit zuteil werden. Alles bleibt beim alten. Selbst bei den Parteigängern des Kühnen wird er Lächeln und Achselzucken hervorrufen, denn seine Kühnheit ist von anderer Art. Es sei hier an die Geschichte vom »seriösen Gast« erinnert: Zunächst trank er seinen Kaffee halb leer, dann füllte er ihn mit Cognac auf, wobei er wiederum einen kleinen Rest ließ, den er mit Wasser mischte, bis er am Schluß Zuckerwasser trank. So weit ist es mit den *poètes maudits* gekommen.

Die konventionellen Künstler sind nicht dort, wo man sie vermutet. Es ist überflüssig, sie auf einem anderen Planeten als dem unseren zu suchen. Wie könnten ein Bonnat, ein Saint-Saëns, die beide hochbegabt sind, akademischen Zwängen gehorchen? Unsere künstlerischen Konventionen werden von Rimbaud, Mallarmé, Ducasse, Cézanne diktiert und viel schneller, als wir denken, auch von uns selbst.

Es wird oft darüber gerätselt, warum Rimbaud sich von der Literatur abwandte. Die Sache ist ganz klar. Einsam, gemieden von der Gattung derer, die vergangenes Unrecht wiedergutmachen wollen und selbst von neuem ungerecht sind, angeekelt von den Cafés und in der Überzeugung, daß diese saubere Welt seinen Selbstmord nicht verdiene und Selbstmord überhaupt ein wenig lächerlich sei, wählte er den einzig möglichen Ausweg.

Schreiben, insbesondere Gedichte schreiben, ist wie Schwitzen. Das Werk ist Schweiß. Es wäre ungesund, zu laufen, zu spielen, sich an der frischen Luft zu bewegen, ein Athlet zu sein, ohne zu schwitzen. Doch mich interessiert dabei nur der Mensch selbst und wie er sein Vorhaben bewältigt. Deshalb gibt es nur wenige Werke lebender Künstler, die auf mich Eindruck machen. Im Werk eines Toten, im Geruch seines Schweißes, suche ich ein Zeugnis des vollbrachten Einsatzes. Der Louvre ist ein Leichenschauhaus, in das man sich begibt, um seine Freunde zu identifizieren. Wir haben es gerne, wenn man unseren Schweiß riecht, und preisen ihn noch an. Den Massen und den zarten Gemütern liegt einzig daran, sich am Schweiß zu berauschen, sich mit ihm zu betäuben. Ansonsten interessiert sie das Spiel, interessiert sie der Sport nicht.

Rimbaud in Harare, das ist das Musterbeispiel für einen Athleten der Poesie, der nicht schwitzt. Aber er bewegt sich auch nicht mehr. Will man in Bewegung bleiben und hat man sich einmal mit den Unannehmlichkeiten abgefunden, die das mit sich bringt, gilt es, so wenig als möglich, sozusagen trockenen Schweißes, zu schwitzen.

PS: Mit Sport meine ich nicht jene Art des Lebenswandels, die Wilde als sein Meisterwerk bezeichnete. Ich rede vom Geistesleben.

☆

Mein Freund Francis Picabia, der geschmeidigste Denker, den ich kenne, findet es amüsanter, auf die Besitzerin der Schießbude als auf die Zielfiguren zu schießen. Tut er es? Nein, denn er fürchtet die Gendarmen.

Wenn wir miteinander diskutieren, fühle ich mich jämmerlich unterlegen. Keinem von uns beiden geht es darum, sich zur Schau zu stellen. Wir lieben das Spiel – doch während ich meine Kräfte darauf verwende, innerhalb gewisser Grenzen und Regeln zu spielen, setzt er sich einfach über sie hinweg. Er spielt, wie es ihm in den Sinn kommt, und obwohl niemand besser als er selbst die Regeln kennt, ist er ständig am Schummeln. Wenn ich genug vom Verlieren habe, mache ich es genauso wie er. Es endet damit, daß wir einander den Rücken kehren und im schönsten Einverständnis, jeder für sich allein, weiterspielen.

Ach, Narziß, ein schönes Paar gibst du ab!

Die Wörter haben keinen Sinn. Nun gut, von mir aus. Und haben sie einen, wenn mir lang und breit erklärt wird, daß es ein Fehler sei, sich ihrer zu bedienen? Es ist besser mitzuspielen, die Oberhand zu gewinnen, das Spiel so einzurichten, wie es einem paßt. Nur sollte man sich die Möglichkeit offenhalten, sich nach einem würdigen Gegner umzuschauen.

Die Auswahl an Mitspielern ist freilich nicht allzu groß. Zu gewissen Kreisen erhält man ja auch nicht ohne weiteres Zutritt. Im übrigen hat man meist mit Toten oder sehr jungen Leuten zu tun.

PS: Picabia sagte einmal zu mir: »Sie sind resigniert. Sie wünschen sich das gleiche wie ich, doch Sie schließen einen Kompromiß mit dem Möglichen. Sie haben recht. Es ist besser, in einem kleinen Auto zu fahren, als mit einem Rennauto im Kopf zu Fuß zu laufen. Ich bin der Neger, der Spanier, der in Gedanken einen Luxuswagen hat.« Ich antwortete ihm: »Auch ich habe einen Luxuswagen im Kopf, während ich mit meinem Hintern in meinem kleinen Auto sitze.«

Picabia sagte noch etwas anderes zu mir: »Wir besitzen beide eine Waage von gleicher Präzision. Sie hat außerdem einen kleinen Hebel, dank dessen wir allen Dingen das gleiche Gewicht verleihen können. Ich benutze den Hebel in der Öffentlichkeit und entferne ihn zu Hause. Sie benutzen ihn zu Hause und entfernen ihn in der Öffentlichkeit.«

☆

Das *moderne Genre*, der *moderne Dichter*, das *moderne Denken* sind eine Erfindung. Zu sagen: »ich bin modern« ist genauso sinnlos wie der alte Witz: »wir Rittersleute des Mittelalters«. Schuld an dem Durcheinander ist, daß sich der Mensch, dieser naive Wilde, vom Fortschritt blenden läßt. Telephon, Kino, Flugzeug, er kommt aus dem Staunen nicht heraus. Er redet darüber wie Monsieur Jourdain*, der allen erklärt, daß er sich in Prosa ausdrücke.

Eben das bezeichnet der Naive als moderne Poesie und verwechselt dabei die Wörter und den geistigen Gehalt. Das wichtigste ist für ihn das Dekor.

Was sich an diesem tagtäglich in unserer Lebenswelt verändert, darf weder übergangen noch in den Vordergrund gestellt werden. Der Dichter muß sich dessen genau wie alles übrigen bedienen.

Wer um jeden Preis den modernen Geschmack treffen will, wer das Publikum verblüfft, indem er den alten Stoff unter verschwenderischer Farbenpracht und überraschenden Effekten verschwinden läßt, anstatt einen neuen zu weben, der wird sich gegen den Fortschritt nicht behaupten können.

Nichts bleibt ewig modern, mag man hier einwenden. Das ist wieder etwas anderes. Ein Meisterwerk wird nicht gleich allgemein als solches bezeichnet, aber von ihm geht eine alles erfassende Umwälzung aus. Es ist eine in tiefen Schichten wirkende Mode. Jeder orientiert sich daran, ohne sich darüber im klaren zu sein. Es läßt sich nicht vermeiden, daß es veraltet. Es wird durch ein anderes Meisterwerk abgelöst. Mit der Zeit wirkt es pittoresk. Irgendwann hört es schließlich auf, ein altmodisches Kleid zu sein. Es wird als historisches Gewand im Museum ausgestellt.

* [*Anm. d. Übers.:* Hauptfigur in Molières Theaterstück *Le Bourgeois gentilhomme.*]

Einige Dichter, die über die heutige Epoche verbittert sind und sich in den gegenwärtigen Verschmelzungsprozessen nicht mehr zurechtfinden, wenden sich der Jugend vergangener Zeiten zu und ahmen sie nach. Dann geben sie noch jene Prise Zeitgenössisches bei, die es ihnen erlaubt, sich vor uns zu rechtfertigen. Richtig gesehen tragen sie keine Kleider, sondern eine Verkleidung, ein Kostüm. Unwillkürlich denkt man an einen komischen Kauz, der im Stil Ludwigs XIV. herumläuft und durch Stehkragen und Melone weniger verstaubt wirken möchte.

Diese Künstler (es gibt unter ihnen welche, die wirklich etwas können) und die Masse der Naiven glauben, daß eine Epoche sich irren kann oder daß sie sich in der Epoche geirrt haben. Würden sie jedoch zu jener Zeit leben, die sie aus der Distanz verherrlichen, dann würden sie sich nur noch tiefer in die Vergangenheit zurückwünschen.

☆

Man kann getrost davon sprechen, daß wir in einem Zeitalter allgemeiner Verwechslungen leben. Die Vielzahl an Büchern und Publikationsmöglichkeiten ist eine der Ursachen. Gewiß ist ein Meisterwerk zu keiner Zeit unentdeckt geblieben, und was als angeblich »verkannt« gepriesen wird, sind bloß falsche Meisterwerke. Es wächst und blüht, was wachsen und blühen muß.

Doch nie zuvor gab es für die Jugend so viele Gelegenheiten, an die Öffentlichkeit zu treten. Jeder mischt sich ein, bringt vor, was er zu sagen hat, klammert sich an Arthur Rimbaud und Stéphane Mallarmé fest und konserviert ehrfürchtig die Anarchie vergangener Zeiten.

Die tiefschwarze Nacht Rimbauds unterstreicht den Glanz seines Sternensystems. Nacht aus reinstem Kohlenstoff verwandelt Mallarmé in Diamant. Was seither als moderne Poesie bezeichnet wird, macht sich ihre Entdeckungen zunutze. Heute kommen nur Kohle und Finsternis dabei heraus.*

☆

Ich habe einmal versucht, etwas über das Verhältnis zwischen Kindern, Verrückten und Dichtern zu schreiben. Doch das Thema ist in Mode, und wo sich jeder tummelt, fühle ich mich nicht wohl. Trotzdem will ich kurz meine Meinung dazu sagen: Den gordischen Knoten durchzuschlagen bedeutet nicht, ihn zu lösen. Die Kinder und die Verrückten durchtrennen mit einem Hieb, was der Dichter in einem ganzen Leben geduldig entwirrt. Das Seil wird den jeweils Nachfolgenden dienen, deren Aufgabe es ist, einen neuen Knoten zu knüpfen. Selbst die außergewöhnlichsten Verrückten und die erstaunlichsten Wunderkinder halten am Ende nichts als Schnipsel in den Händen.

☆

Mallarmés Einfluß ist beträchtlich. Es handelt sich hier um ein Beispiel für jene im Verborgenen wirkenden Einflüsse, die in Frankreich selbst den eines Victor Hugo in den Schatten stellen.

Doch auch da gibt es bemerkenswerte Grenzen: 1921 erlaubte ich mir zusammen mit R. Radiguet und Francis Poulenc den Spaß, eine kritische Posse zu verfassen, einen Einakter, worin wir *L'Ecclésiastique* aus den *Divagations* von

* Wenn wir unsere Aufmerksamkeit uns selbst zuwenden, sehen wir wie bei den Planeten eine Hälfte im Schatten liegen. Die Nacht des Körpers ist bereits so gewaltig, daß wir nicht auch noch unsere helle Seite verdunkeln sollten.

Mallarmé einem Polizisten als Protokoll in den Mund legten.* Das Stück wurde gespielt. Im Publikum und unter den Kritikern erkannte niemand, aber auch niemand, den berühmten Text, ja nicht einmal eine Anspielung auf den Stil des Verfassers wurde bemerkt. Im *Figaro* sprach Monsieur Banès von den »Palinodien eines idiotischen Gendarmen«. Weitere Zitate spare ich mir. Ich möchte nicht grausam sein.

☆

Das gegenwärtige Klima allgemeinen Mißverständnisses kommt zum großen Teil auch daher, daß zwei Planeten, zwei verschiedene Universen, zwei Gattungen von Schriftstellern durcheinandergebracht werden, die zwar zwangsläufig Seite an Seite ihren Bahnen folgen, doch mit unterschiedlicher Geschwindigkeit und in verschiedenen Höhen.** Nur aufgrund eines merkwürdigen Sehfehlers, dem wir keine Abhilfe schaffen können, scheinen sie zusammenzugehören.

Arthur Rimbaud wird Victor Hugo vorgestellt. Trotzdem lebt jeder von ihnen in einer anderen Epoche. Für diese Epochen gibt es keine Benennung, man muß ein Gespür für sie haben.

Wir wissen, welchen Respekt wir den großen Berühmtheiten schulden, und wir schätzen ihre Verdienste. Allein, was in unseren Augen zählt, ist ein Ruhm anderer Art, ein Ruhm, der nicht verwässert werden kann, der sich im kleinen Kreise fortpflanzt und nie für Aufsehen sorgt.

Die Namen derer, die diesen Ruhm für sich beanspru-

* [*Anm. d. Hrsg.:* Es handelt sich um das Stück *Le Gendarme incompris* (abgedruckt in: Cahiers Jean Cocteau, n° 2, Paris, 1971); Poulenc hatte dazu die Musik geschrieben.]

** Sagen wir, zwei, der Einfachheit halber.

chen können, sind bekannt. Wie viele Denkmäler wurden diesen Leuten errichtet? Bei Musset komme ich auf sieben, bei Baudelaire auf kein einziges. Trotz unzähliger Auflagen seiner Bücher wird er nie zu vereinnahmen sein.

Erik Satie, der selbst aus Honfleur stammt, erzählte mir die folgende Anekdote: Im Jahr 1869 kam der Vater von Alphonse Allais eines Tages auf den Gedanken, daß es sich für Honfleur schicke, in einer Mauernische am Haus des Generals Aupick eine Baudelaire-Büste aufzustellen. Zwei Monate vergingen, bis die Angelegenheit im Stadtrat verhandelt wurde. »Baudelaire? Der Sohn von Madame Aupick? Wer war das gleich... Madame Aupick, die Nachbarin von Monsieur Bahon? Ja, richtig. Ein guter Mann, dieser Bahon«, usw.... »Meine Herren«, warf da Monsieur Allais ein, »kommen wir zu der Büste zurück.« – »Was wollen Sie überhaupt«, rief da der Vorsitzende aus, »wir können doch unmöglich jedem Sohn der Madame Aupick eine Büste errichten!«

☆

Aus der Außenseiterhaltung des *poète maudit* wird heutzutage, wo jeder nach dieser Sonderposition strebt, ein Privileg, ein Schutzschild. Nur wenige gelangen dahin. Die jungen Künstler sind sich nicht darüber im klaren, daß das breite Publikum über keinerlei Urteilskraft verfügt und daß die Ablehnung nicht nur von dieser Seite, sondern auch von seiten der Avantgarde kommen muß. Dem jungen Menschen, der nach diesem düsteren Ruhm strebt, sei gesagt: Du hast recht, doch nimm dich in acht.*

* Man sollte nie jene Dichter als Vorbild nehmen, die zu schnell die Jugend auf ihrer Seite haben. Nichts verblaßt eher als ein zu rascher Erfolg, selbst wenn er begründet sein sollte.

Wenn du bei den jungen Literaten auf Beifall stößt, wenn sie dich umschmeicheln, dann wirst du dein Ziel verfehlen. Du kannst nicht auf einer Höhe mit den Tendenzen deiner Zeit leben. Das heißt nicht, daß der wahre Dichter seiner Zeit voraus wäre oder über ihr schwebte. Er verkörpert die Epoche, und es ist vielmehr seine Zeit, die hinter ihm herhinkt, die noch nicht seine Höhe erreicht hat.

☆

In Literaturkreisen ist die Vorliebe für den Tick dermaßen verbreitet, er wird so oft mit dem Stil, mit der Ausdruckskraft gleichgesetzt, daß nur der Schriftsteller, der seine Ticks bis zur Verzerrung übertreibt, Anerkennung findet. Immerzu eine einzige Grimasse zu schneiden verursacht sehr schnell Falten. Um dieser Gefahr zu entgehen, um sich durch erfrischende Mißerfolge jung zu erhalten, gibt es nur ein einziges Mittel: Man muß sich unermüdlich von der Widersprüchlichkeit der eigenen Individualität leiten lassen.

Ein großer Künstler gleicht einem Fliegenfänger. Mehr und mehr Fliegen kleben an ihm fest. Bald ist er von ihnen so übersät, daß er nicht mehr zu erkennen ist. Man sollte sich bemühen, wie eine Fliegenklatsche zu sein.

Denen, die einen Dichter nur an Äußerlichkeiten erkennen, ist nicht zu helfen. Die Denkweise, eine begrenzte Zahl von Fragestellungen, ein sich wiederholendes, einfaches Vokabular, der Blickwinkel (er ist wirklicher Stil) – dadurch unterscheidet sich ein Dichter von den anderen. Auf diese Weise verkündet er: Das bin ich. Alles übrige, was im allgemeinen als Stil bezeichnet wird, muß sich bescheiden dieser Linienführung anpassen. Man zeige dem Kenner zehn grundverschiedene Wandteppiche. Er wird sie umdrehen. »Die gleiche Hand«, wird er dann sagen, »hat das gewebt.«

Der gute Schriftsteller bearbeitet immer die gleiche Stelle, mit Hämmern verschiedener Größe und unterschiedlichen Materials. Der Klang ändert sich dabei. Er geht behutsam mit dem Nagel um. Würde er immer den gleichen Hammer verwenden, so würde er am Ende den Nagel verbiegen, keinen Deut mehr vorankommen, nur noch auf dem Holz herumschlagen und ein hohles Geräusch hervorbringen. Dieser Klang ist typisch für die berühmten Leute. Doch aufgepaßt: Wer vom Weg abweicht, erregt Anstoß. Was der wahre Dichter zu bieten hat, darauf ist das Publikum nicht gefaßt. Es ist enttäuscht und der Ansicht, daß er sein Versprechen nicht gehalten habe.

Was habe ich euch versprochen? Man merke sich, daß ein gutes Buch immer etwas anderes ist, als man erwartet hat. Würde es die Erwartungen erfüllen, so wäre es verfehlt. Ein gutes Buch muß einen mit Fragezeichen spicken.

☆

Ich möchte auf den Hang zum Tick zurückkommen, den Hang, gleichgültig welchen Inhalt in einer ganz bestimmten Form auszudrücken.

Zum Beispiel Barrès: Sein Tick sind wollüstige, zur Berühmtheit auserkorene Sätze, das treffende, doch ausgefallene Beiwort. Der Tod Jules Telliers hinterläßt ihm eine *unerträgliche* Erinnerung. Toledo gehört zu den *glutvollsten und traurigsten Dingen auf der ganzen Welt*. Granada ist eines der *weichsten* Kopfkissen, die es gibt. Und so weiter. Auf einen Eisendraht fädelt er eine wohlgefüllte Rose nach der anderen und schnürt sie zusammen. Der Stil von Barrès gönnt keine Pause, erzielt daher auch keine Wirkung, denn jede Zeile ist bei ihm Effekthascherei. Dieser ebenso genußvolle wie tote Stil, der das Werk eines morbiden Feinschmeckers zu sein scheint, dieser Stil erinnert an die von den alten Griechen einbalsamierten, von duftenden Harzen aufgeblähten Leichen.

Der Ruhm ist sein Haschisch.

Da wir gerade beim Haschisch sind: Es besteht gar kein Vergleich zu den *Paradis artificiels*, einem Buch, das sehr leicht ins Exzentrische abgleiten könnte, wenn Baudelaires Stil seine Ausprägung, seinen Glanz nicht dadurch erhielte, daß er dem Gegenstand genau angepaßt ist. Während manche Gedichte der *Fleurs du mal* unangenehm auffallen, weil sie wie abgenutzte Prosa wirken, weil sie der von vornherein durch das Versmaß diktierte *Stil* veralten läßt, fehlt den *Paradis artificiels* jeder modische und lächerliche Firlefanz. Hier war Baudelaire nicht darum bemüht, einen Körper in erlesene Stoffe zu kleiden, sondern er wollte dessen Konturen nachzeichnen.

Bedeutet das nicht eine Apologie der Prosa und eine Vorab-Verurteilung jeder Lyrik? Nein. Wenn sie erst von den schmückenden Beiworten und Bildern befreit ist, an denen man sie gewöhnlich erkennt, dann wird die Lyrik exakter, durchdachter, deutlicher als die Prosa sein, und wenn sie dem Reim oder den Zwängen des Rhythmus immer wieder neue Überraschungen abgewinnt, die für den Dichter genauso geheimnisvoll und erfrischend sind wie für den Leser, dann wird die Lyrik endlich aufhören, sich als Prosa im Abendkleid zu präsentieren.

☆

Wir leben in einem von der Literatur verdorbenen Jahrhundert. Und diese Fäulnis hat sich noch verschlimmert, weil ihm das neuerdings aufgestoßen ist und aus solch romantischem Überdruß eine antiliterarische Literatur entstanden ist, die sich darin gefällt, über die Literatur herzuziehen.

Der Zerstörungsgeist ist romantischer Natur. Dahinter steckt die Lust an den Ruinen, der Hang zum Pessimismus.

Intelligenz bekämpft man mit Dummheit. Nur ist die Dummheit viel seltener, als man denkt. Der Wahnsinn noch viel mehr. Wieder einmal rauft sich die Muse verzweifelt die Haare.

Ich nun nehme mir heraus, so wenig literarisch wie möglich zu sein. Das können die Literaten nicht verzeihen. Dafür wird ein Literat sich durch den Dadaismus gekitzelt fühlen, bei dem es sich um Literatur handelt, wie sie im Buche steht. Darüber kann er sich zanken und aufregen, das stachelt ihn an und beunruhigt ihn sehr.*

– Was verstehen Sie unter Literatur? werde ich von einem Nörgler gefragt.

– Tick, Stil als Ausgangspunkt, Getue.

– Aha, dann sind Sie also für eine Poesie, die im Dienste von Ideen steht?

– Nicht im geringsten, und an diesem Punkt merkt man, daß die Geheimschrift der Poesie nichts übermittelt, das sich erklären ließe. Über den Musiker sagte ich an anderer Stelle, daß sein Werk mich nur dann berührt, wenn er sich bemüht, etwas wiederzugeben. Sein Werk muß die Beweggründe wiedergeben, die ihn dazu gebracht haben, ein

* Es gibt keine Künstlergruppen mit einer gemeinsamen Ästhetik. Es gibt nur ansteckende Individuen. Da aber die Gruppenbildung eine zwangsläufige Erscheinung ist, muß man eine freundschaftliche, individualistische Gruppe anstreben. Das trifft auf unseren Kreis junger Komponisten zu.

Thema zu entfalten, und sei es auch in Form einer einfachen Rechenaktion mit Klangwerten.

Das gleiche gilt für den Maler. Ein Gemälde von Picasso ist schön aufgrund seiner Wiedergabekraft, selbst wenn unser Auge die Dinge, die ihm zugrunde liegen, nicht im einzelnen ausmachen kann. Picasso, der sich an den Meistern geschult und auf deren Gebiet Neuland erschlossen hat, weiß, wie es um den läppischen Zauber der Arabeske und des Farbtupfers bestellt ist. So etwas überläßt er den Dekorationsmalern.

Wenn Picasso eine Konstellation von Gegenständen betrachtet, sie sich einverleibt, sie nach und nach in eine Welt überträgt, die allein ihm untersteht, verfällt er niemals ins Ausschmücken. Nie verliert er die objektive Kraft der Dinge aus den Augen. Auf diese Weise wird das Wiedererkennen hinfällig, doch die Wiedergabe der Dinge bleibt erhalten. Sie sind nach anderen Maßstäben verteilt, trotzdem bilden sie die gleiche Totalität. An die Stelle der optischen Täuschung setzt er die geistige Täuschung. Sein Bild ist ganz Bild. Es lebt für sich allein. Es gibt über nichts anderes Auskunft.

Genauso hat ein Gedicht zu sein. Die Form muß sich der Bemühung, die Wahrheit zu sagen (wie wenig wahr sie in den Augen des Lesers auch sein mag), der Obsession einer irrealen Realität anpassen. Der Wahrheitsgehalt, den nur einige Aristokraten des Geistes erkennen, wäre den anderen im übrigen genausowenig begreiflich zu machen wie die Heilige Dreifaltigkeit.

Was die *Hochzeit auf dem Eiffelturm* angeht, so behaupte ich mit Stolz, ein solches Ergebnis erzielt zu haben. Nach Ansicht des Autors wird es noch zwanzig Jahre dauern, bis man diese Poesie begreifen wird. So lange wird das Stück als etwas dürrer oder spaßiger Dialog angesehen werden.

Es wurde zu genau, mit einer zu perfekten Waffe geschossen. Die Kugel geht hindurch; der Gegner beklagt sich zwar, doch es hat ihm nichts ausgemacht.

☆

Es gibt Momente der Schwäche, in denen selbst starke Gemüter eine Ausbreitung ihrer Krankheit herbeisehnen. Sie sind es leid, immer der einzige Kranke an Bord zu sein. Zu wissen, daß nach ihrem Tod alle Passagiere mehr oder weniger an ihrem Leiden erkranken werden, daß es einen Namen tragen und im Lexikon auftauchen wird, ist nur ein schwacher Trost. Doch die Einsamkeit, die Gewißheit, daß es weder eine Diagnose noch ein Heilmittel gibt, machen aus dem Kranken einen Aristokraten. Schnell hat er sich wieder gefaßt. Er bereut nichts. Ohne Neid betrachtet er diejenigen, die alle mit ihrem Schnupfen anstecken. Er schreibt mit unsichtbarer Tinte. Ist es nicht so, daß sie erst nach längerer Zeit und erst, wenn man sie dem hellen Licht des Tages aussetzt, sichtbar wird? Das ist für meine Begriffe die unauffälligste und sympathischste Art des Schreibens.

☆

Was der Mensch »Genie« nennt, hat selten etwas mit Intelligenz zu tun. Meiner Meinung nach kann Intelligenz nicht schaden. Stendhal und Nietzsche sind Musterbeispiele für intelligente Genies. Zweifellos gleicht Zarathustra zuweilen einem alten Bergführer, der in der Einsamkeit der Alpen zum Phrasendrescher geworden ist. Trotzdem ist sein Diamant scharf genug, alles zu zerschneiden. Nietzsche klagte an, wo es nötig war, er erkannte alles, sah alles voraus. Er ahnte, daß die Zeit des dionysischen Pessimismus kommen würde. Jetzt haben wir sie. Gibt es jemanden, der sich damit befaßt?

Blind: so ist der Optimist. Verbittert: so ist der Pessimist. Weder blind noch verbittert, das ist der dionysische Pessimist. Das ist das Porträt des jungen Menschen der Gegenwart, nicht wie er ist, aber wie er sein sollte. Oder vielmehr: wie er im Grunde ist, aber nicht sein möchte. Wir sind nicht blind, und daher übersehen wir nicht, daß Schreiben lächerlich ist. Aber da wir nicht verbittert sind, hüllen wir uns auch nicht in Schweigen.

☆

Des öfteren habe ich mir den Spaß erlaubt, Briefe und Artikel mit *der Pariser* zu unterzeichnen. Freundschaftliche Foppereien waren wohl der Anlaß. Francis Picabia, *der Europäer* (ein ziemlich schlechter Europäer, der nämlich an keinem anderen Ort als in Paris leben kann), hatte mich scherzhaft so getauft.

Es ist zweifellos eine schreckliche Angewohnheit von mir, gebräuchliche Begriffe ohne weitere Erklärungen in einer Bedeutung zu verwenden, die nur ich ihnen beilege. So bezeichnete ich *Parade* als *realistisches Ballett*, was heißen sollte: wahrer als das Wahre. Ich verließ mich darauf, daß der Zuschauer die Diskrepanz zwischen einem gewöhnlichen Ballett und diesem Ballett, zwischen dem Wort »realistisch« und dem irrealen Charakter der Darbietung empfinden würde.

Wenig später nannte Apollinaire die *Mamelles de Tirésias* ein *surrealistisches Stück*. Er hatte damit recht. Es handelte sich um eine ausdrückliche Unterstreichung. Doch schuf er etwas Bizarres, ein Schmuckstück, das nur er mit außer-

ordentlicher Anmut zu tragen versteht, während es zu den anderen nicht recht passen will.

Wenn ich mich also als Pariser bezeichne, anstatt mich »Sur-Pariser« zu nennen, dann hat das nichts mit Boulevards, Kulissen, Marktschreierei oder Verramschung zu tun. Ich bestimme ganz einfach meinen Standort. Ich betrachte ihn als Glücksfall, so wie der echte Neger, der echte Jude, der echte Deutsche es als Glücksfall betrachten, Neger, Jude oder Deutscher zu sein. Ich möchte hinzufügen, daß Nietzsche und Heine, (trotz ihrer Vorbehalte) zwei echte Deutsche, Paris über alle anderen Großstädte stellten. Der Gedanke daran kann mir schon ein wenig den Kopf verdrehen.

Es gibt weder eine Literatur noch eine Poesie für die Massen. Picabia, der Spötter, hat spanisches Blut in sich. Nur ein Spanier weiß den Genuß der Blasphemie auszukosten und spricht unablässig von der Jungfrau Maria.

Je mehr sich ein Dichter an seinen Stammbaum hält, um so treffender ist seine Dichtung. Je konzentrierter, unverdünnter er sich zeigt, um so nützlicher ist er.

Heutzutage wird der Stil der Tageszeitungen von Stéphane Mallarmé beeinflußt, ohne daß sie sich dessen bewußt wären.

Die Sache ist ganz einfach: Man hinterlasse der Nachwelt ein Fläschchen Rosenessenz. Es verpestet die Luft. Es reicht aus, um ganze Stauseen von Parfüm herzustellen. Kommt es zu oft vor, daß die anderen sich die Nase zuhalten oder einen Bogen um einen schlagen, kann man eigenhändig und von Zeit zu Zeit ein Tröpfchen davon in etwas Wasser geben. Welch eine Überraschung! Es ist der gleiche ekelhafte Geruch wie zuvor, nur findet ihn jetzt jeder lieblich und ist erstaunt, daß er von Ihnen stammt.

Es ist schon die Ausnahme, daß man für eine ganz einfache Studie, deren Gegenstand ein dem Publikum vertrautes Thema ist, nicht mit Lobeshymnen überschüttet wird. Meist folgt das Eingeständnis, daß man Ihren Gedichten nach zu urteilen Ihnen niemals so etwas zugetraut hätte.

☆

Mir wurde gesagt: »Ich werde Ihnen den Puy-de-Dôme zeigen. Immerzu fahren Sie ans Meer. Sie sind vom Meer hypnotisiert. Es strapaziert Ihre Nerven. Probieren Sie es mal mit den Bergen.« Doch ich kann dem Puy-de-Dôme nichts abgewinnen. »Ganz offensichtlich machen Sie sich nichts aus den Bergen«, bekam ich von meinen Freunden zu hören.

Damit wir uns recht verstehen: Man öffne die Augen und schaue sich die Schlaffheit, die Zaghaftigkeit dieser Wölbungen an, diese unausgewogene Verteilung der Massen, dieses Auf und Ab einer Berg- und Talbahn. Sind das etwa Berge? Nein. Der Cantal mag eine Gebirgsregion sein. Der Puy-de-Dôme jedenfalls besteht aus Buckeln.

Wer ständig Brüste und Buckel verwechselt, dessen Geist wird betäubt, der sieht nur noch gewisse Details, nicht mehr das Ganze richtig, und übernimmt bereitwillig die schlimmsten Irrtümer.

Mir ist in der Tat das Meer lieber als die Berge. Die wahren Berge sind von fertiger, gebieterischer Gestalt. Sie lenken mich in eine bestimmte Richtung. Sie schränken mich ein. Ihre Form drängt sich meinem Geist auf, und nur unter allergrößten Mühen gelingt es ihm, sich dem zu entziehen. Das Meer zwingt mich zu nichts. Es läßt mir Freiheit nach allen Seiten. Seine Masse ist neutral. Es ist ein Wörterbuch, keine vorab getroffene Auswahl, kein Monument.

Ihr Berge, ich verneige mich vor eurer Majestät wie vor jenen Werken, die ich achte, ohne mich in ihnen zu Hause zu fühlen.

Man verlange nicht von mir, daß ich mich vor falschen Bergen verneige. Gleichgültig, ob echte oder falsche Berge, dem Publikum, das das Erhabene liebt, ist alles recht. Es ist die Quantität, die es beeindruckt. Nur leider gibt es sich bereits mit wenig zufrieden. Bedauernswerte Touristen! Puy-de-Dôme oder Sierras, im Reiseführer ist von Bergen die Rede. Die Touristen, die mit dem Reiseführer in der Hand herumspazieren, sind entzückt. Es gibt sogar Leute, die an Kamele denken und dann sagen: Die Wüste ist gebirgig.

Wir wollen uns hier nicht darüber beklagen, wie sehr die Massen sich für jene Dinge erwärmen, die am ehesten ihren Vorlieben schmeicheln. Darin sind sie Wagnerianer, selbst wenn sie von Wagner keine Ahnung haben oder ihn ablehnen. Wagner freilich ist ein Magier, der einzigartige Gifte unter die Leute bringt. Über die Auswüchse eines solchen Kranken mag man seine Zweifel haben. Selbst ein Engel wirft ja den Schatten eines Buckligen.

Was aber soll man beispielsweise zu Rodin sagen, dessen Werk nichts mit einem bewohnbaren Haus gemein hat, in dem der Geist sich niederlassen kann, das nie etwas anderes war als eine Treppenstufe, ein Eckchen Balkon, das Bruchstück einer Tür?

Er ist das berühmte Beispiel für einen Buckel, der im offiziellen Führer als Berg ausgegeben wird. Michelangelo, Delacroix, Goethe, Hugo, Shakespeare, Balzac, das sind Gebirge.

Die Buckel verdecken alles andere, das ist in jeder Epoche so. Die Leute sind einfach unfähig, hinter den Buckeln irgend etwas zu erkennen. Nichts verblüfft und verärgert sie mehr, als sehen zu müssen, daß wir uns nicht um die Berge kümmern, sie nur von weitem grüßen und hinaus aufs Meer auf Entdeckungsfahrt gehen.

☆

Es gibt Namen, die man lieber übergeht, sofern man etwas auf sich hält. Bedauerlicherweise finden einige dieser Namen bei den Kritikern oder der Masse ausgesprochenen Anklang, und andere darunter werden wiederum unbekümmert in den jungen Literaturzeitschriften bejubelt.

Hier ein Beispiel, um zu zeigen, daß diese Verblendung bei weitem nicht nur in offiziellen Kreisen verbreitet ist: Als ich in der Zeitung *Paris-Midi* die Montagskolumne *Carte Blanche* schrieb, bekam ich von einem wirklichen Dichter den Vorwurf zu hören, daß ich nur von berühmten Künstlern spräche. Nun, nicht nur verfaßte ich diese Artikel für ein Publikum, dem unser Standpunkt vollkommen fremd ist und das daher nicht gleich in alle Geheimnisse eingeweiht werden konnte, sondern ich zitierte auch nur diejenigen Namen, gegen die meine Feder sich nicht sträubte. Darunter waren nur wenige, die man gewöhnlich in den Avantgarde-Zeitschriften findet.

Der Dichter war sich nicht bewußt, wie wenig Künstler vom Schlag eines Derain, Braque, Picasso, Apollinaire, Max Jacob, Erik Satie oder unsere Gruppe von Schriftstellern und Komponisten beim Publikum bekannt sind. *Er hielt mich für vorsichtig.**

* Es muß möglich sein, ungezwungen über einen großen Künstler zu schreiben, ihn gegebenenfalls auch zu tadeln, ohne Rücksicht auf die Meinung der anderen. Man sollte urteilen wie ein Sultan, der von der Gesellschaft der schönsten Frauen so verwöhnt ist, daß er schließlich sogar bei der allerschönsten einen Makel entdeckt.

Man stelle sich vor, daß im Jahr 1920 ein gut informierter Kunstliebhaber, der nach dem Namen eines Malers suchte und dabei ein Gesicht machte, als läge ihm der Name auf der Zunge, zu mir sagte: »Sie wissen schon, dieser Spanier vom Russischen Ballett...« Picasso war gemeint.

1919 bat mich eine schöne Amerikanerin, sie in Picassos Atelier zu führen. Sie nahm tausenderlei Unterrichtsstunden. Sie hatte Lehrer für Boxen, Tanz, Gymnastik, Gesang, Buchbinderkunst, Geschichte. Sogar von einem Mallarmé-Lehrer wußte ich. Hatte sie mich zu ihrem Lehrer für Kubismus erwählt? Ich lehnte ab, weil ich wußte, wie sehr Picasso Besucher fürchtet, welchen Empfang er ihnen bereitet. Einen zähneknirschend-liebenswürdigen Empfang, denn aus Überzeugung, daß Erklärungen zwecklos sind, sagt er Ja und Amen zu allen Grobheiten, mit denen unsere eleganten Fräuleins die Künstler zu überhäufen pflegen.

Eines Tages erzählte mir meine schöne Amerikanerin triumphierend, daß der Maler Zuloaga sie zu Picasso mitgenommen habe. »Ja, und? – Ja, und! Zuloaga ist einer seiner ältesten Bekannten. Unter Freunden nimmt man kein Blatt vor den Mund. Er hat alles gestanden. – Was denn? – Daß sein Kubismus eine Verulkung ist. Ich hatte ihn gefragt, ob es eine sei. Er antwortete mir, daß er sich auf

Ein Kritiker war schockiert über meine Vorbehalte gegenüber den letzten Bildern von Matisse, weil es sich prinzipiell um einen Maler von hohem Rang handelt. Vorbehalte gegenüber Matisse sind sicherlich fehl am Platze bei einem Kritiker, der Matisse in einem Atemzug mit irgendwelchen mittelmäßigen Malern nennt. Doch bei einem Dichter, der Kritiker ist, verhält es sich anders. Da in seinen Ratgeber nur jene Lieferanten aufgenommen werden, die für höchste Qualität bürgen, kann er es sich erlauben, unverblümt zu urteilen, wenn es um Einzelheiten der Ware geht. Mir gefällt, daß Ingres sich starrsinnig weigerte, unter die Dramatiker auf seiner Homer-Apotheose auch Shakespeare aufzunehmen.

Kosten einer so schönen und so intelligenten Person nicht länger lustig machen wolle.«

Unser Unvermögen, gewisse Namen in unserem Werk zu erwähnen, ist ein großer Vorteil für unsere Feinde. Sie wissen, daß sie keine Erwiderung zu befürchten haben. Davon abgesehen, laufen nicht auch gewichtige Namen Gefahr, einmal in Vergessenheit zu geraten? So manche Kunstkritik von Stendhal oder Baudelaire ließe sich hier als Beispiel zitieren. Doch gibt es überhaupt eine reizvollere Form des Kunstsammelns als jene, die hundert Jahre später den Beweis für unsere Klarsicht erbringen wird? Das ist meine Art, Bilder zu kaufen, die »einmal sehr teuer sein werden«. Hundert Jahre nach meinem Tod kann ich mich als gemachter Mann zur Ruhe setzen.

☆

Besagten Luxus, ohne weitere Erklärungen Begriffe zu verwenden, die der Leser ganz anders interpretiert, als wir es tun, nehmen sich des öfteren die Dichter heraus, wenn sie von den Engeln sprechen. Ihrer und unserer Meinung nach steht der Engel genau zwischen dem Menschlichen und dem Unmenschlichen. Er ist jung, von berückendem animalischem Reiz, charmant und kraftvoll. Mit den mächtigen Schwimmzügen eines Tauchers, mit dem Flügelschlag tausend wilder Tauben, wechselt er im Handumdrehen vom Zustand der Sichtbarkeit zu dem der Unsichtbarkeit. Die Strahlen, aus denen er sich zusammensetzt, bewegen sich so rasch, daß man ihn nicht sehen kann. Ganz gewiß würde er erscheinen, wenn die Geschwindigkeit nachließe. Auf diesen Augenblick wartet Jakob, um sich wie ein echter Ringkämpfer auf ihn zu stürzen. Er ist das Musterexemplar eines durchtrainierten Ungeheuers, für das der Tod ein Fremdwort ist. Er erstickt die Lebenden und entreißt ihnen, ohne mit der Wimper zu zucken, die Seele. Für meine Begriffe hat er etwas von einem Boxer, von einem Segelschiff.

Wer hier an zuckersüße Hermaphroditen denkt, mit gefalteten Händen und goldenen Flügeln, Lilien und Sternenkranz, der hat sich getäuscht. Man schaue sich jenen furchtbaren Engel an, der »sich wie ein Adler vom Himmel herabstürzt«, den Engel Delacroix', oder jene Engel, für die El Greco von der Kirche verurteilt wurde, weil er ihnen keine ordentlichen Flügel gemalt hatte.

Mit Wehmut denken wir daran, daß der Heiligen Schrift jene Seiten fehlen, auf denen eine wahre christliche Mythologie entfaltet wurde: die gefallenen Engel, die Entstehung ihrer Nachkommenschaft, der Riesen, die Verbrechen Luzifers.

Bewegend ist, was Madame Bessonet-Fabre, die sich mit geradezu hausmütterlicher Gründlichkeit in das Studium des Hebräischen vertieft hat, zu diesem Punkt mitteilt. Engel und Ecken sind, wie sie sagt, im Hebräischen Synonyme. Die Bibel, die für den Laien nur eine Aneinanderreihung von ungeschickten Bildern und naiven, zuweilen vollkommen unverständlichen Anekdoten darstellt, besteht in Wirklichkeit aus mehreren Sinnebenen, die nur zu verstehen sind, wenn man den Codeschlüssel kennt. Auf diese Weise schützten die Juden ihre Geheimnisse vor dem neugierigen Zugriff der Gottlosen, denen sie die Bibel zu überlassen gezwungen waren. Wenn man erst einmal den Codeschlüssel herausgefunden hat, dann eröffnet sich die ganze Wissenschaft, die ganze Chemie, das gesamte ökonomische und erotische System des Volkes Israel.

Den Fall der Engel, ihre Verstoßung aus dem Himmel, kann man auch übersetzen als: Einsturz der Ecken. Die

Sphäre setzt sich aus einem Amalgam von Ecken zusammen. An den Ecken, an den Spitzen entweicht die Kraft. Darauf gründet die Architektur der Pyramiden. Einsturz der Ecken bedeutet also: idealische Sphäre, Verlust der göttlichen Kraft, das Konventionelle und Menschliche tritt in Erscheinung.

All diese Gegebenheiten sind für einen Dichter keine Inspiration, sondern ein aufstachelnder Reiz, und vergleicht er einen Künstler oder eine Frau mit einem Engel, so ist das etwas anderes als der Engel, den wir von den Heiligenbildchen der ersten Kommunion in Erinnerung behalten haben.

Selbstlosigkeit und Egoismus, zärtliches Mitgefühl und Grausamkeit, Unwohlsein in der Gesellschaft anderer und Reinheit in den Ausschweifungen, eine Mischung aus einem unbändigen Hang zu den irdischen Genüssen und Verachtung derselben, naives Sich-Hinwegsetzen über alle moralischen Grundsätze – lassen Sie sich nicht täuschen: eben das sind die Anzeichen für ein engelhaftes Wesen. Jeder echte Dichter vereinigt sie in sich, ob er nun schreibt, malt, Plastiken schafft oder singt. Nur wenige Menschen sind bereit, diese Gegensätze zu akzeptieren, denn nur wenige Menschen besitzen einen Sinn für Poesie.

Bis auf weiteres ist Arthur Rimbaud das Musterbeispiel für einen Engel auf Erden. Es gibt einige Leute, zu denen auch ich zähle, die ein Photo von ihm besitzen. Man sieht ihn von vorn, mit einer Schülerjacke bekleidet, eine kleine Krawatte um den Hals geschlungen. Im Laufe der Zeit ist das meiste an dem Bild undeutlich geworden. Geblieben ist ein von innen heraus leuchtendes Gesicht. Wenn man sich in das Porträt vertieft, es mal umdreht, mal von weitem, mal wieder von ganz nah betrachtet, dann dauert es nicht

lange, und man glaubt, eine Art Meteor, eine Milchstraße, vor sich zu haben.

Als ich einmal die engelhaften Eigenschaften Verlaines erwähnte, brach ein bedeutender Kritiker in schallendes Gelächter aus und sagte zu mir: »Man merkt gleich, daß Sie ihn nicht gekannt haben.« Er erinnerte sich nur an den Faun, den russischen Kutscher, den Säufer. Doch verraten nicht nur sein Werk und sein Lebensweg, wie er wirklich war, sondern auch eine Photographie, die in meinem Besitz ist. Sie zeigt Verlaine im Stehen, den Zylinder schief auf dem Kopf, einen Schal lässig über die Schulter geworfen, die Augen wie funkelnde Sterne: einfach zum Anbeten.

Ein anderer Dichter, dem die Engel mit Rat und Tat zur Seite stehen, den sie mitunter auch necken, ist Erik Satie. Es grenzt an ein Wunder, daß er es jede Nacht fertigbringt, zu Fuß von Montmartre oder Montparnasse bis nach Arcueil-Cachan zu gelangen, wo er wohnt. Die einzige Erklärung dafür ist, daß die Engel ihn tragen. Er erzählte mir, wie er einmal Zeuge war, als sich wahrhaft zwei Engel begegneten. Es geschah im Gasthaus »Le Clou«. Mallarmé kam dorthin, um Schnecken zu kaufen, Verlaine saß an einem Tisch und trank. Sie kannten sich nicht. Sie kamen miteinander ins Gespräch. Saties Gesichtsausdruck und der Klang seiner Stimme, wenn er diese Episode erzählt, sind mit Worten nicht zu beschreiben.

Ich will hier keine Liste der engelhaften Wesen aufstellen, obgleich sie allein es sind, die für mich zählen, die mich tief beeindrucken. Talent mögen auch andere haben, doch in meinen Augen verdienen nur sie es, Dichter genannt zu werden.

Es ist müßig, daran zu erinnern, daß ein Mensch in diesem Zustand allen anderen suspekt erscheint. Er fällt aus dem Rahmen, läßt sich in kein Schema pressen. Er ist eine

Art nirgendwo registrierter Flüchtling. Es fehlt nicht viel, daß man ihm das Lebensrecht bestreitet. Es gibt Momente der Glückseligkeit – zum Beispiel jene Abende, wenn in der Stadt der Frühling erwacht –, in denen jedem engelhaften Wesen bewußt wird, welch parasitäre Existenz es führt. Es betrachtet das sanft dahintreibende Erdenleben, ohne legitimen Anspruch, es zu genießen.

Dieser Zwischenzustand, der für den Außenstehenden, selbst für Vater und Mutter, nur schwer zu begreifen und für den daran Krankenden nur schwer zu ertragen ist, geht immer mit Skandalen und Unglück einher. Der Skandal wird heraufbeschworen, weil solch ein Zustand in Kollision mit der Gesellschaft gerät, die für dergleichen keinen Platz hat. Das Unglück wiederum, so möchte man jedenfalls meinen, ist dem Jenseits anzulasten, das diese geschwächten Kräfte in einem geheimnisvollen Kreislauf wieder zu sich zurückholt. Entweder begehen sie Selbstmord, oder sie kränkeln dahin, bis sie eines Tages sterben, oder sie stürzen sich ins Gewühl der Schlacht, mit der Unbekümmertheit von Badenden, die mal kurz ins Meer springen. Die einen läßt das Jenseits ertrinken, die anderen mit einem Bein büßen. Krankenhaus, Mord, Opium, Liebe, alles ist ihm recht, um dem Ganzen schnell ein Ende zu bereiten und seine Kinder zurückzuholen. Sofern sie überhaupt in den Universal- und Literaturlexika genannt werden, geschieht das nur mit äußerster Vorsicht.

☆

Der Dichter kann unmöglich stets in der gleichen Sprache schreiben, mit anderen Worten: alle Speisen auf der gleichen Flamme kochen. Ein modernes Vorurteil ist schuld daran, daß ein Dichter schief angesehen wurde, wenn er sich beispielsweise für eine Kunstkritik von jeder Esoterik freimachte und den Katalog nicht mit dem Ausstellungsobjekt verwechselte. Wie ein Bauwerk muß das literarische Werk dem Auge auch Ruhepunkte, glatte Flächen, bieten; durch solch Wechselspiel von elementarer Gestaltung und ausgearbeiteten Motiven beweist sich ein guter Architekt.

Die *Divagations* von Mallarmé sind von der gleichen Machart wie seine Gedichte und heben sich von letzteren nur durch ihre mindere Qualität ab. Man kann sich hier nicht jeweils in dem einen Werk von dem anderen ausruhen.

Für uns, die wir diese Prosa mit der gleichen Leichtigkeit entschlüsseln, mit der die Studenten in Oxford aus dem Griechischen übersetzen, ist das alles nur Firlefanz. Es ist, als hörte man eine sehr schöne preziöse Dame reden.

Man könnte ganz plump drei Kategorien von Werken unterscheiden: Reklamezettel, Destillierapparate und Liköre.

Diese drei Stadien sind notwendigerweise verschieden. Als Beispiel für das erste Stadium ließe sich ein Manifest oder ein Vorwort anführen, für das zweite eine Kunstkritik, für das dritte Gedichte oder ein Roman.

Die heutige Zeit zwingt zur Einfachheit. Das Farbspektrum dreht sich mit solcher Geschwindigkeit, daß nur noch die Farbe Weiß erscheint, zur Verwirrung unseres Auges, das gewohnt ist, sich an bunter Bemalung zu erfreuen. Der Reklamezettel findet daher allgemeinen Anklang.

Der Leser greift nach ihm, weil er die Worte Einfachheit, Formgebung, Geradlinigkeit, Umriß, Offenheit so versteht, wie er es gerne hätte. Er überträgt sie auf die häßlichsten seiner Geliebten. Die Kräuter und den Destillierkolben, die ihm ein wenig Angst machen, faßt er nur ganz vorsichtig an, und den Likör schließlich spuckt er angeekelt wieder aus. Der Reklamezettel hatte etwas ganz anderes erwarten lassen. Der Leser wird betrogen, man macht sich über ihn lustig. Es handelt sich um einen Schwindel, ein Mißverständnis. Das Ende vom Lied ist, daß man ihm bloß sieben Francs aus der Tasche gezogen hat.

☆

Bei jedem meiner Bücher habe ich das Gefühl, ein und dieselbe Zeichnung fortzusetzen, deren Bedeutung den Freunden, die mir über die Schulter zuschauen, rätselhaft bleibt. Sobald man bei den Füßen anfängt, geraten alle durcheinander. Am Schluß wird das Auge gemalt, und auf einmal ist das Strichmännchen zu erkennen. Zweifellos ist das die Rolle unseres letzten Buches.

Es wundert mich, wie wenig unseren Autoren daran gelegen ist, die Einzelheiten so anzuordnen, daß aus ihnen eine Gesamtkomposition entsteht; statt dessen begnügen sie sich lieber mit einer Abfolge verschieden großer, vollkommen unausgewogener Figürchen.

Jedes dieser in sich geschlossenen, fertigen, leicht zu deutenden Bilder stellt natürlich die Denkfaulen zufrieden, wie ein Schlußpunkt im Schuldiktat. Die Leute suchen sich etwas aus, um es dann an die Wand hängen zu können. In einer Zeichnung, deren gerade und gekrümmte Linien, deren Schraffierungen und Farbtupfer sozusagen von allen Seiten auf uns einstürmen, sehen sie immer nur einen Entwurf, unvollendete Formen, die zwar auch einen gewissen Reiz ausüben, doch mit einem fertigen Strichmännchen nicht zu vergleichen sind.

Hier verzerrt eine schlecht geschulte Sinneswahrnehmung die Perspektiven. Selbst ein gut durchdachtes und fertiggestelltes Werk erscheint mißglückt, wenn man es von unten her, ohne Abstand, betrachtet. Man schaue sich einmal den Eiffelturm aus der Froschperspektive an. Anstatt eines eleganten Pfeils sieht man so etwas wie einen Klumpfuß, einen schiefen Turm von Pisa, eine Eisenbahnkatastrophe.

Bereits durch das perspektivische Sehen unterliegt unser Auge einer ewigen Bauernfängerei, und nur der Macht der Gewohnheit ist es zu verdanken, daß der gröbste Schwindel wiederaufgehoben wird. Was soll man da erst über die Perspektiven des Denkens sagen? Vielleicht haben wir früher einmal ein Korrektiv besessen. Heute gibt es das leider nicht mehr.

Ich kann mir den Kritiker, der bequem in einem Theatersessel sitzt und sich eines unserer Stücke anschaut, gut vorstellen. Aufgrund seines Sehfehlers erscheint ihm alles wie ein einziges Durcheinander. Wenn er gut gelaunt ist, schnappt er ab und an eine Farbe, eine Linie oder ein Wort auf, die ihm Vergnügen bereiten.

Pflichtgetreu berichtet er darüber. *Ein vielversprechender Anfang*, setzt er dann hinzu. Das ist der rituelle Satz. Nach ein oder zwei Gedichten der *Fleurs du mal*, die er als Vorboten betrachtete, wartete Sainte-Beuve sicherlich auf das eigentliche Werk Baudelaires.

Wir erwarten ein großes Werk. Wo bleibt das Werk? Unser redlicher Kritiker wäre nicht schlecht erstaunt, wenn sein verkümmertes Auge sich plötzlich weit öffnen und das Bild zurechtrücken würde. Sind Farben und Volumen erst einmal dort, wo sie hingehören, dann sähe er mit einem Mal, daß alle Erwartungen seiner verdrehten Sichtweise längst erfüllt sind.

Bis zum Tod eines Dichters warten die Kritiker auf das eigentliche Werk. Sollen sie nur warten. Zum einen hat das Wort »Werk«, das wir gezwungenermaßen verwenden, mittlerweile einen höchst störenden Beiklang, zum anderen finde ich nichts trauriger als einen Dichter, der hält, was er verspricht.

Das Leben eines Dichters, der hält, was er verspricht, ist wie der Herbst. Nun gibt es kein dichterisches Jahr ohne Erntezeit. Doch soll denjenigen, die glaubten, sie könnten sich fortan die gereiften Früchte des Dichters schmecken lassen, der Biß in seine grüne Frucht das Gesicht verzerren und ihnen Bauchschmerzen verursachen. Das Publikum mag vor allem die überreifen Früchte. Das erste Anzeichen dafür ist ein kleiner roter Fleck: die Rosette der Ehrenlegion.

Fassen Sie das nicht so auf, daß Ehrenlegion und Talent miteinander unvereinbar seien, im Sinne jenes dummen, alten Vorurteils, wonach ein Pfeifkonzert beweise, daß es sich um ein hervorragendes Werk handelt. Gar nichts wird dadurch bewiesen, genausowenig wie durch den Applaus, und auf das eine oder andere zu spekulieren, ist gleichermaßen beschränkt.

Im vergangenen Jahr, anläßlich der Zeremonie, mit der das Herz Gambettas ins Pantheon überführt wurde, ließ es Staatspräsident Millerand nicht an Kühnheit fehlen. Als es darum ging, jene Künstler zu nennen, die Frankreich zur Ehre gereichen, verzichtete er auf die offizielle Ehrenriege und nannte statt dessen Renoir, Cézanne und Claude Debussy. Was für einen Skandal das hervorrief, kann man sich leicht ausmalen.

Als ich am nächsten Tag Arthur Meyer meine Überraschung und Freude über dieses Geschehen mitteilte, bekam ich zur Antwort: »Wahrhaftig, Sie sind noch jung. Millerand wird von den Kunsthändlern bezahlt.«

Er glaubte tatsächlich daran. Er lächelte dabei. Ich tat ihm leid. Es war ihm lieber, den Staatschef schmutziger

Geschäfte zu bezichtigen, als ihn auf frischer Tat zu ertappen, wie er sich lächerlich macht.

☆

Ein schwach entwickelter Geschmack läßt sich bei einem edlen Stoff von dessen Rückseite betören.

Es gibt aus China importierte Exemplare, deren Rückseite ganz aus Goldfäden gewirkt ist, nur damit auf der matten, tintenschwarzen Seide der Außenseite ein paar Stickereien hervortreten. Es ist selten, daß die Frauen hierzulande solche Stoffe nicht verkehrt herum tragen.

Genauso kleidet sich die Romantik in die Poesie.

Dieser falsche Luxus stellt oftmals die wahrhaftigsten Reichtümer zur Schau, und er mag wohl auf den vulgären Geschmack Eindruck machen, den geübten Blick jedoch schmerzt sein Widersinn.

Wer keine Ahnung davon hat, was Luxus ist, dem mag die Poesie kärglich erscheinen. Ein Gedicht ist der Gipfel aller Luxuriosität, und das will heißen: Zurückhaltung, das genaue Gegenteil des Geizes. Schon von weitem, auf den ersten Blick, fast möchte ich sagen beim Beschnuppern, beim Abwägen eines Buches, vermag der Kenner seinen Wert abzuschätzen.

Einen wahren Dichter schert es kaum, was Dichtung ist, genausowenig wie ein Blumenzüchter seine Rosen parfümiert. Er hegt sie in einer Weise, daß die Fülle ihrer Blätter und ihr Duft immer vollkommener werden. Paul Valéry rühmt sich, ein Verseschmied zu sein und sich in seinem Metier zu üben. Erweist er sich dabei als Dichter, darf uns das nur recht sein. Ihn jedoch geht dieses Geheimnis nichts an.

Wenn aber, so werden Sie einwenden, die Rolle des

Dichters sich darauf beschränkt, mit sich selbst eine Schachpartie zu spielen, dann erfordert das bestimmte Regeln. Valéry bedient sich des Versmaßes. Sie mögen sich fragen: Was meint der Autor eigentlich mit diesem Spiel, von dessen Ablauf wir nichts verstehen? Zweierlei: Je deutlicher mir wird, welche Vorzüge der Gemeinplatz besitzt, um so mehr neige ich zu der Annahme, daß der Geist gerade dadurch angeregt wird, daß ihm nur eine geringe Zahl von Möglichkeiten zur Verfügung steht, und um so stärker fühle ich mich zum Versmaß hingezogen, zu diesem alten, stets gleichen Gewand, das ein jeder von uns nach seinem Geschmack zurechtzupft.

Wir erleben immer wieder, daß selbst unsere Freunde unsere Gedichte mit nachlässig hingekritzelten Notizen verwechseln, die wir aus Faulheit nicht genauer ausgearbeitet haben. Ich muß eingestehen, daß wir trotz der inneren Architektur, der Konzentration und der Opfer, die in einem solchen Gedicht stecken, nicht erreichen können, daß der Leser – und sei er auch noch so kundig – sich in unseren Rhythmus einfühlt und auch die geringsten unserer Fehltritte noch willig nachvollzieht.

Die Tatsache, daß heute jeder für sich alleine und nach seinen eigenen Regeln arbeitet, bringt mich zu der Überzeugung, daß die Durchsetzung einer neuen Gesetzmäßigkeit noch aussteht. Die allgemeine Unordnung, die sich aus individuellen Systemen zusammensetzt, bedeutet einen tiefgehenden geistigen Wandel, eine Erschütterung. Nach dem Impressionismus haben wir nun den »freien Vers«. Von diesem schwelgerischen Vergnügen vermag der Geist nicht ohne weiteres abzulassen. Jeder schnitzt, schleift und bändigt den Vers auf seine eigene Weise. So befreit sich unsere scheinbar anarchistische Epoche von der Anarchie und kehrt mit neuem Geist zu den Gesetzen zurück.

☆

Unserer Ansicht nach soll der Dichter keine Kunst nach dem Bilde der Kunst betreiben. Er soll sich des wahren Realismus bedienen, Visionen und Empfindungen (nicht zu vergessen die, die uns von Geburt an als Ballast mitgegeben sind) in sich speichern und ruhen lassen, statt sie wie ein brillanter Journalist, der die Leser um jeden Preis mitreißen will, bei der ersten besten Gelegenheit auszuschlachten. Auf diese Weise wird sich nach und nach ein Amalgam, ein Reservoir unvorhergesehener Zusammenhänge herausbilden. Zu lange schon richtet das Bild um des Bildes willen in der Poesie Schaden an. Ein Gedichtband glich einem Bilderbuch, einer Abfolge von Vergleichen, mit der ein jeder den beim Menschen leider noch allzu lebendigen Hang zur Nachäfferei befriedigen konnte.

Ein Dichter, der immerzu in Bildern spricht, vermag uns zu unterhalten wie ein Handlungsreisender, der zum Entzücken der Gästetafel aus einer Mandel und Streichhölzern ein Häschen bastelt. Weil er sich darum bemüht, poetisch zu sein, wird er uns niemals wirklich berühren. Seine Rosen sind parfümiert. Sollte es sich um unechte Rosen handeln, wird er die Leichtgläubigen täuschen können. Besitzt er aber wirklich Rosen, werden sie dadurch nur verdorben. Von fast allen unserer großen und anerkannten Dichter könnte man sagen, daß sie ihren Rosen schaden.*

☆

* Zum anderen gibt es einige geborene Schriftsteller, die Werke in akademischem Stil schreiben wollen und nach offizieller Würdigung streben. Sie scheitern, und das ist ihre Rettung.

Um uns zu wahren Tränen zu rühren, bedarf es keiner seitenlangen Schilderung trauriger Begebenheiten, sondern eines einzigen, auf wundersame Weise treffenden Wortes. Nur wenige Menschen sind würdig, solche Tränen zu vergießen. Es ist gut möglich, daß die Poesie überhaupt nur wenige Menschen anspricht. Sagte ich nicht bereits, daß sie der Gipfel aller Luxuriosität ist?*

Ein Gedicht muß sich Schritt für Schritt freimachen von dem, was den Anlaß des Schreibens gab. Mit klopfendem Herzen löst der Dichter eine Verankerung nach der anderen. Wenn auch die letzte gefallen ist, hebt sich das Gedicht und entschwebt wie ein Ballon, schön in sich und ohne jede Verbindung mit der Erde.

Muß ich noch daran erinnern, daß ausgefallene und schmückende Worte, Pathos und malerische Darstellung dieses Aufsteigen verhindern?

Damit wäre in einigen Zeilen unsere derzeitige poetische Geisteshaltung dargelegt. Mit anderen Worten: was in zwanzig Jahren allgemein verbreitet sein wird.

☆

Vom Reim haben wir uns abgewandt, und gegenüber der verlockenden Unregelmäßigkeit des freien Verses sind wir standhaft geblieben, aber natürlich mußte irgend etwas als Ersatz gefunden werden. Dieses »irgend etwas« ähnelt sehr stark jenen Denkmanien, mit denen fast jede Kindheit belastet ist. Es geht darum, einen geheimnisvollen Gleichgewichtszustand zu bewahren, sich durch heimliche Riten das Leben schwer zu machen. Dazu gehören Berechnungen, für die das Alter, ein Datum oder Hausnummern von

* Der Erfolg von etwas Gutem wird nicht dadurch bestimmt, daß es gut ist, sondern weil es auch immer einen Anteil an Schlechtem enthält, an dem dann einige wache Geister sich festhaken. So wird es auf die Dauer Wurzeln schlagen.

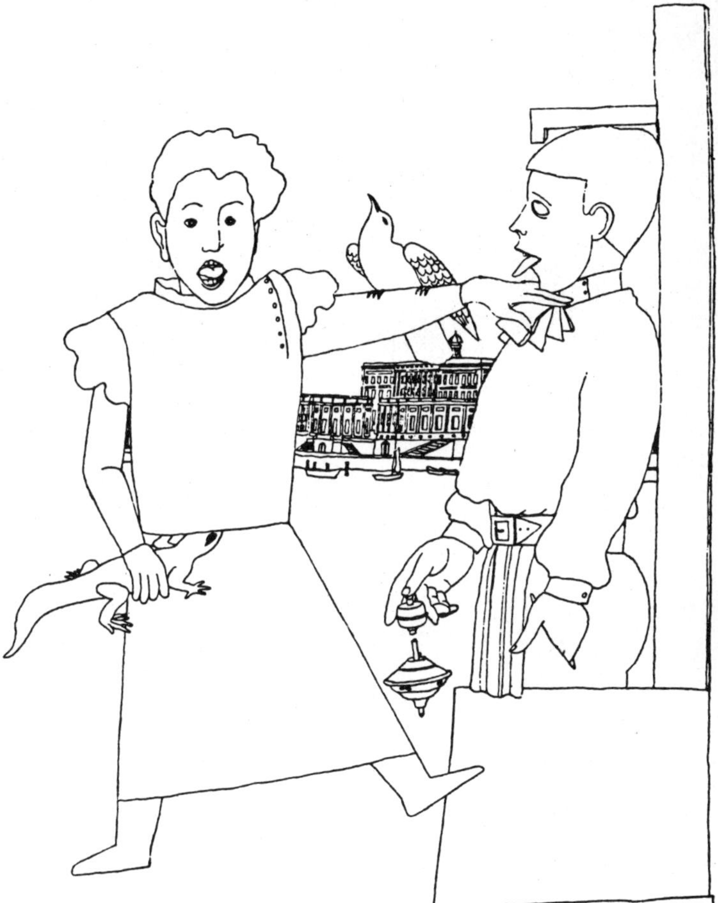

Bedeutung sind, gehören Erleichterung bringende Grausamkeiten, wiederholte Berührung von bei Tisch benutzten Gegenständen oder Türklinken, das Abzählen der Schritte zwischen Bäumen oder Gaslaternen, ein Zucken mit der linken Schulter, wenn ein Passant von rechts entgegenkommt, und umgekehrt, falsche Wünsche, die man ausspricht, um das Schicksal zu überlisten – was so weit gehen kann, daß man den wirklichen Wunsch nennt, in der Absicht, das Schicksal vollkommen zu verwirren –, ein despotisches System von Wechselbeziehungen zwischen Namen und Gesichtern, die verschiedenen Farben der Tage und zahllose andere Grimassen der Seele, die wiederaufleben, sobald wir die Kontrolle über unsere Nerven verlieren, und die, wenn auch nur eine einzige von ihnen ausufert, zum Wahnsinn führen.

Die Stellung des Verbums, die maskulinen und femininen Endungen, das Pulsieren des Satzrhythmus, die unglaubliche Strenge, die uns hemmt, wo der Leser nur Faulheit vermutet, all das bildet sich nach und nach unter einer nervösen Spannung heraus, die sich bis zur Marter steigert. Um jeden Preis muß das Denken einen pochenden Gang wie der Herzschlag entwickeln, der sich durch seine Systole und Diastole, durch sein manchmaliges Aussetzen vom Funktionieren einer Maschine unterscheidet.

Während der Dichter sein Werk erschafft, ist es unzählige Male in Todesgefahr.

Wenn einer, der nicht schwimmen kann, beim Baden untergeht, dann erfindet er das Schwimmen. Wie viele überlieferte und stets neu erfundene Gesten wendet der Dichter nicht an, um sein Gedicht zu retten! Der Mechanismus all dieser Handgriffe hat sich ihm eingeprägt. Nun führt er sie von neuem aus. Er hat Tausende von Teufeln im Leib, denen er gehorchen muß.

Zwischen diesen geheimnisvollen Regeln und den Regeln des Versmaßes besteht der gleiche Unterschied wie zwischen zehn Simultan-Schachpartien und einer Dominopartie. Unser Spieler jedoch verstrickt sich in immer heikleren Anordnungen, bei denen niemand mehr ihm folgen kann. Sogar er selbst läuft Gefahr, sich eines Tages in ihnen zu verlieren. Er entwickelt ausgeklügelte Spielsysteme: Er kämpft gegen sich selbst an, verschafft sich einen künstlichen Ansporn, indem er den Text umstülpt, um dann die Zusammenhänge neu aufzugreifen oder sie zu zerstören; eine andere Möglichkeit ist, daß er das Zusammenspiel der Akrostichen ganz besonders ausfeilt.

Die einen halten ihn für einen Spaßvogel, die anderen für einen Kranken. Wieder andere verspüren etwas von der tragischen Schönheit dieses Spiels und ergötzen sich daran, ohne sich über die Hintergründe Gedanken zu machen.

☆

Kommen wir zum Reim zurück, diesem alten Tonikum von bewährter Qualität. Nach dem Genuß raffinierterer Drogen wendet man es gerne wieder an. Was mich betrifft, so bediente ich mich seiner oftmals ausgerechnet dann, wenn er mir am wenigsten dienlich war. Ganz besonders trifft das auf einen bestimmten Gesang des *Cap de Bonne Espérance* zu. Eine Vielzahl von Reimen sind dort in solchen Abständen verteilt, daß sie nur noch als ferner Nachhall vernehmbar bleiben.

Ich erinnere an einen Ausspruch von H. Poincaré, den ich im *Potomak* zitiere, ohne meine Quelle zu nennen:

»Die Dichter sind uns überlegen. Ein zufälliger Reim bringt ein ganzes System ans Licht.«

Das ist so meisterhaft gesagt, daß sich jeder Kommentar erübrigt. In der Tat kann es leicht passieren, daß man einen Schatz entdeckt, wenn man in der Erde nach einem Steinchen sucht, das einem anderen ähneln und doch wieder anders aussehen soll.

Beinahe hätte ich die Füllwörter vergessen. Auf sie achtet ein alter Kenner der Dichtkunst natürlich besonders. Aber die Dichtkunst wechselt nicht nur häufig die Kleider und die Dessous, sondern eben auch die Spangen und Gürtel, d. h. ihre Füllwörter. Die alten fallen uns sofort auf, die neuen dagegen nicht. Mit der Zeit sind sie sich alle ähnlich. Selbst Rimbaud versucht keineswegs, sie zu verbergen. Er stellt sie sogar höchst gewinnbringend in den Vordergrund, und das macht sie nicht weniger auffällig; auch auf diese Weise kann man sie nicht umgehen. Eine Poesie ohne Füllwörter gibt es nicht.

☆

Für gewöhnlich wird die Poesie als verschleiertes und schmachtendes weibliches Wesen dargestellt, das auf einer Wolke ruht. Die Dame hat eine klangvolle Stimme und gibt nur Lügen von sich.

Der eine oder andere hat vielleicht schon einmal jenen befremdenden Moment erlebt, in dem man plötzlich den eigenen Namen so empfindet, als gehöre er zu einer anderen Person. Mit einem Mal sieht man sozusagen seine Form und hört den Klang der Silben, ohne die übliche Blindheit und Taubheit, die ein langes, vertrautes Miteinander hervorruft. Wenn beispielsweise ein Lieferant ein Wort nicht kennt, das uns ganz alltäglich erscheint, so öffnet diese Erfahrung uns Augen und Ohren. Ein Zauberstreich verleiht dem Gemeinplatz neue Ausdruckskraft.

Das gleiche Phänomen tritt manchmal auch bei einem Gegenstand oder einem Tier auf. Blitzartig *sehen* wir einen Hund, eine Droschke, ein Haus *zum ersten Mal*. Alles, was an ihnen besonders, verrückt, lächerlich oder schön ist, stürmt auf uns ein. Gleich darauf wird dieses überwältigende Bild wieder von der Gewohnheit ausradiert. Wir streicheln den Hund, winken die Droschke herbei, bewohnen das Haus. Wir sehen sie nicht mehr.

Genau darin liegt die Rolle der Poesie. Sie enthüllt, im wahrsten Sinne des Wortes. Die erstaunlichen Dinge, die uns umgeben und die unsere Sinne nur mechanisch registrieren, zeigt sie nackt und in einem Licht, das uns aus der Apathie aufrüttelt.

Es ist daher überflüssig, den im Wachzustand Schlafenden durch weit hergeholte, ausgefallene Dinge und Empfindungen überraschen zu wollen. So geht nur ein schlechter Dichter vor, und das bringt uns dann den Exotismus ein.*

Worüber Augen und Herzen tagtäglich hinweggleiten, das muß unter einem neuen Blickwinkel gezeigt werden und mit einer solchen Geschwindigkeit, daß man den Eindruck hat, alles zum ersten Mal zu sehen und zu empfinden. Das ist der einzige Schöpfungsakt, der den Geschöpfen gestattet ist.

Wenn es zutrifft, daß eine Statue durch die Vielzahl der Blicke mit einer Patina überzogen wird, dann sind auch die Gemeinplätze Meisterwerke von ewiger Dauer, deren dicke Patina sie unsichtbar macht und ihre Schönheit verbirgt.

Man braucht einen Gemeinplatz nur ins rechte Licht zu rücken, ihn zu reinigen und zu polieren, so daß er wieder

* Der Exotismus eines Blaise Cendrars ist gerechtfertigt. Cendrars ist herumgereist; er bedient sich authentischer Materialien.

mit der gleichen jugendlichen Frische, der gleichen Lebendigkeit beeindruckt, die ihm ursprünglich eigen war, und man hat ein dichterisches Kunstwerk vollbracht.

Der Rest ist bloß Literatur.

☆

Wir haben einige der Rezepturen erläutert, die in unseren Augen den vorbildlichen Verseschmied auszeichnen, ohne die Vielzahl der Möglichkeiten, durch die der Rhythmus variiert, die Monotonie durchbrochen werden können, besonders hervorzuheben. So verhindert zum Beispiel eine Art Schleusensystem, daß das Denken zu rasch über die Zeilen hinweggleitet, denn künftig wird jede Zeile ihre Bedeutung haben. Ein Atemholen und Abschweifen, bevor man zur Sache kommt, gibt es hier nicht. Die Sache ist das Gedicht selbst, von Anfang bis Ende, und da es sich nicht um eine in Versen erzählte Anekdote handelt, ist es erforderlich, vom ersten Augenblick an aufmerksam zu sein.*

Soweit es überhaupt möglich ist, das Unfaßbare zu erfassen, bleibt uns noch jenes mythische Fluidum zu untersuchen, das den Dichter umgibt. Es existiert in ihm und um ihn wie eine seit jeher vorhandene Stromquelle. Es ist eine ruhende Kraft, deren Stärke im Verlauf der Menschheitsgeschichte immer dann offenbar wird, wenn ein Künstler auftritt, der sie in sich sammelt und ihr ein Medium verschafft. Die gelungensten dieser Ausdrucksmittel – gleich, ob sie der Malerei, der Plastik, der Musik oder der Dich-

* Ich erinnere mich an eine Abendgesellschaft, auf der eine damals gerade beliebte Schauspielerin ein Sonett von Baudelaire ankündigte und es vortrug. Erst beim letzten Vers hatten die Frauen endlich ihre Kleider in Ordnung gebracht, ihre Diademe zurechtgerückt, die Fächer aufgeschlagen und waren soweit, zuhören zu können.

tung angehören – versetzen uns einen poetischen Schock, so als würden wir einen Stromschlag erhalten.

Unsere Rezepturen zielen lediglich auf die Fabrikation eines noch vollkommeneren Mediums ab, auf eine Erfindung, die besser zu unserem Jahrhundert paßt, in dem hundert Pferde durch ein kleines robustes Auto ersetzt werden.

Wie die Elektrizität, die die Griechen genausogut wie wir hätten erfinden können, war die Poesie schon immer da. Allein die Art ihrer Vermittlung folgt dem Verlauf des Fortschritts. Daher wirken auch manche Dichter, die vorgestern noch auf der Höhe ihrer Zeit waren – Vigny beispielsweise – heute befremdlich. Sie sind darin alten Lokomotiven vergleichbar. Ein Jahrhundert genügt, um ein altmodisches Fahrzeug in einen Kunstgegenstand zu verwandeln, den wir nicht mehr belächeln.

Die Gräfin de Noailles, deren Denken in allen Fragen so scharfsinnig ist, daß man gerne ihr Eckermann wäre, erklärte uns eines Tages, mit welcher Befriedigung sie der Anblick einer elektrischen Lampe erfülle. Endlich waren die Kräfte des Gewitters gebändigt, über deren Geheimnis sie sich als junges Mädchen den Kopf zerbrochen hatte. Jetzt hatte man sie für den Hausgebrauch dienstbar gemacht; die Götter gehorchen. Können Sie sich an die alte Kinderbuchillustration erinnern? Als handele es sich um einen Hund, verjagt Franklin den Blitz mit einer Peitsche aus dem Zimmer.

Doch weder der Blitzableiter noch die Glühbirne geben uns Auskunft über das Wesen der Elektrizität.

Vor allen Dingen hat das nichts mit Inspiration zu tun. Was als solche bezeichnet wird, meint nur die Kapazität des Stromflusses, die Stärke der Entladung.

Wir wollen nicht behaupten, jene okkulte Kraft analysieren zu können, von der das Universum erfüllt ist. Sie bedarf nicht einmal unbedingt der Vermittlung des Künstlers. Es gibt Momente, in denen diese Kraft uns Tränen der Rührung entlockt, ohne daß die Kunst dabei eine Rolle spielt. Für mich zählen dazu ein bestimmtes Feuerwerk, das einige Tage vor Kriegsausbruch veranstaltet wurde, eine verletzte Silbermöwe, die mitten im Flug herabstürzte, das erste Mal, als ich den Mond durch das Fernrohr betrachtete, die in einer Zeitung verbreitete Nachricht vom Untergang der *Titanic*, der Anblick eines Diebes, den eine Menschenmenge in der Rue de la Bourse zu stellen versuchte, ein dampfbetriebenes Karussell auf der Place du Trône, die Zeitlupenaufnahme eines galoppierenden Pferdes, oder das Gegenstück, das im Zeitraffer gefilmte Aufblühen einer Rose. Ich nenne hier nur ein paar mir zufällig einfallende Erinnerungen, Gelegenheiten, bei denen sich das poetische Fluidum wie ein Gewitter zusammenbraute und mich mit einem Gefühl des Unwohlseins, mit einer Vorahnung, mit Poesie erfüllte.

Der Einfachheit halber wollen wir dieses Fluidum als Poesie bezeichnen und die mehr oder weniger geglückten Versuche, es sich dienstbar zu machen, als Kunst. Die Rolle des Künstlers wäre damit klar. Hat ihn allerdings, wie Boileau es so vortrefflich ausdrückt, »der Himmel nicht von Geburt an zum Dichter gemacht«, so wird die Lampe, selbst wenn er die Drähte richtig zu verbinden weiß, doch niemals erleuchten.

Wer die nackte Poesie verspürt, lebt mit einem Ekelgefühl. Es ist der Tod, der diesen moralischen Ekel hervorruft. Der Tod ist die Kehrseite des Lebens. Daher können wir ihn nicht unmittelbar ins Auge fassen. Das Gefühl jedoch, daß er in unser Leben eingewebt ist, läßt uns nie los. Manchmal spüren wir unsere Toten ganz in unserer

Nähe, aber in einer Weise, die jede Verständigung unmöglich macht. Es ist, als hätten wir einen Text vor uns, dessen Fortsetzung uns unbekannt bleibt, weil sie auf die Rückseite eines Blattes gedruckt ist, von dem wir nur die Vorderseite lesen können. Vorder- und Rückseite mögen Ausdrücke der Menschenwelt sein, die im übermenschlichen Bereich sinnlos sind. Doch die unbestimmt gefühlte andere Seite untergräbt unsere Handlungen, unsere Worte, die geringste unserer Gesten. Über dieser Leere wird der Seele schwindlig, so als würden wir uns mit klopfendem Herzen über eine Brüstung beugen. Durch die Poesie wird dieses Unwohlsein wachgerüttelt und mit den Landschaften, der Liebe, dem Schlaf und den Freuden vermischt.

Der Dichter träumt nicht, er zählt seine Schritte ab. Nur hat er keinen festen Boden unter den Füßen und versinkt manchmal mit einem Bein im Tod. Im übrigen gewöhnt er sich daran, und bald nimmt er das ganz selbstverständlich hin, so wie einen Herzkranken das wilde Pochen in seinem Körper nicht mehr schreckt.

Durch die Poesie wird man also für das Übersinnliche empfänglich. Sie hüllt uns in eine Hypersensibilität, die unsere verborgenen Sinne schärft. Unsere Fühler strecken sich nach unbekannten Tiefen, von denen unsere offiziellen Sinne nichts wissen. Die Gerüche, die aus diesen verbotenen Zonen kommen, lassen die offiziellen Sinne eifersüchtig werden. Sie rebellieren, sie verausgaben sich bis zur Erschöpfung. Sie versuchen, eine Aufgabe zu bewältigen, die ihre Kräfte übersteigt. Ein Taumel der Verwirrung erfaßt dann den Menschen. Aufgepaßt: Wer so weit ist, dem kann alles zum Wunder werden!

Dichter leben von Wundern. Solche kommen überall zum Vorschein, aus großen und kleinen Dingen. Wie von selbst sind Gegenstände, Wünsche und Sympathien ihnen untertan. Das Schicksal stimmt seinen inkohärenten Rhythmus darauf ab, ihnen zu Hilfe zu kommen. Mitunter erleben sie wahre Blütezeiten. Doch sobald sie einmal ausbleiben, entkrampfen sich die Nerven, und die Sinne stumpfen ab. Es ist, als wäre der Finger abgemagert und der Zauberring herabgerutscht. Das sind schwierige Phasen. Wie bei einer Droge hält die Wirkung der Poesie weiter an, doch nun zum Schaden des kranken Dichters, den sie mit Unglücksfällen überhäuft. Die Todesahnung, die er zuvor wie einen Geschwindigkeitsrausch genossen hatte, nimmt den Charakter eines qualvollen Sturzes in die Tiefe an.

Eines Tages paßt der Ring wieder, weil der Finger dicker geworden ist, und von neuem geschehen Wunder.

Hierbei handelt es sich um eigentümliche Phänomene, die wir in keinster Weise kontrollieren können. Sie verhalten sich zu einer gezähmten Poesie wie der Okkultismus zur Wissenschaft.

Wenn die Poesie zuweilen auch mit dem Mechanismus des Traums verschmilzt, so ruft sie selbst doch keinerlei Träumerei oder Phantasterei hervor. Manchmal verleiht sie den Träumen eine klare Ausprägung, eine sich zuspitzende Heftigkeit, läßt eine Überlagerung von Dekors entstehen. Die Erinnerung daran vermischt sich mit den Erinnerungen des Wachzustandes und verstärkt jenen moralischen Ekel, der der Poesie eigen ist. Träumereien und Phantastereien sind Sache des unpoetischen Dichters. Die Poesie nämlich schließt Lebendigkeit, Kindereien, den Spaß an einfachen Dingen, Komik und unbändiges Lachen keineswegs aus. Der Dichter trägt das alles in sich, gepaart mit einer unvorstellbaren Melancholie.

Wie man sieht, ist es von hier nicht weit zu einer religiösen Geisteshaltung* und zu dem, was Charles Péguy das *Lachen der Missionare* nannte.

☆

Die Religion ist wieder etwas anderes.

Es steht mir nicht an zu urteilen, ob die Poesie uns von Gott trennt oder ihm näherbringt. Ich verweise den Leser auf das Vorwort, mit dem Paul Claudel die Gesamtausgabe der Werke Arthur Rimbauds einleitet, obwohl Claudel aufgrund seiner gleichermaßen der Kirche wie dem Dichter geltenden Liebe natürlich um jeden Preis eine Verbindung konstruiert.

Wir wollen Claudel keineswegs beschuldigen, daß er die Delirien eines Sterbenden, die eine zutiefst fromme Schwester der Nachwelt überliefert hat, einseitig seinen Interessen entsprechend interpretiere. Wenn hier manche Verwirrung herrscht, ist dies vielmehr ganz in Ordnung, erreicht doch in solch einem Ende der poetische Geist selbst seine höchste Ausdruckskraft. Der poetische Geist: eine religiöse Geisteshaltung, die von jeder konkreten Religion losgelöst ist – das beschreibt Claudel ganz vortrefflich, wenn er Rimbaud einen Mystiker im Naturzustand nennt.

Der Dichter glaubt. Was glaubt er? Alles.

Renan, der von besagtem Fluidum umgeben ist, zählt zugleich unbestreitbar zu den religiösen Geistern, während

* Angesichts der Tatsache, daß wir dem Lyrismus grundlegende Bedeutung beimessen, obwohl wir zu jenen Denkern zählen, die ihn – so könnte man jedenfalls meinen – am ehesten verachten sollten, kommen wir nicht umhin, ihm eine göttliche Seite zuzuerkennen.

Er vermag den einfachsten Gegenstand in ein Götzenbild zu verwandeln und ihn – für uns jedenfalls – in einer Sphäre verstörender Einsamkeit zum Leben zu erwecken; so malt de Chirico einen Keks.

Voltaire von der Poesie gemieden wird gleich einem Seidenfaden, der den elektrischen Strom nicht leitet.

Der Skeptizismus ist ein schlechter Leiter für Poesie, und weil man in Frankreich zu schlau ist, findet die Poesie in diesem Land so wenig Anklang.

PS: Den poetischen Geist und das mit ihm verbundene Todesgefühl findet man keineswegs nur in traurigen Werken, sondern mitunter auch bei der leichtesten Muse.

Lassen wir die Poesie in engerem Sinne beiseite, wo es genügend Beispiele gibt. Wilde Rosen umkränzen den Schmerz Ronsards, und Heinrich Heine leidet tödlich an seinen Liebeleien.

Bei den vollkommenen Dichtern aber sind Tragik und leichter Ton ineinander verschlungen wie in einen Baumstamm geritzte Initialen.

Kommen wir gleich zu Offenbach, dem Meister eines Genres, dessen Namen bereits eine Verkleinerungsform enthält. Mit der Zeit verlieren die Wörter ihre exakte Bedeutung. Wir jedenfalls messen einigen Operetten einen sehr hohen künstlerischen Wert zu, denn sie erinnern uns an die Liebeleien Heines und an den Titel, unter dem die zweite Ausgabe der *Princesse de Clèves* erscheinen sollte: *Die Liebelei zwischen dem Herzog von Nemours und der Prinzessin von Clèves*.

Offenbachs Poesie ist so heimtückisch, daß manche Leute den bösen Blick fürchten und sich bekreuzigen, sobald die ersten Takte gespielt werden. In einer Form, in der zunächst nichts auf sie hindeutet, ist die Poesie eine um so stärkere Kraft. Wir waren darauf gefaßt zu lachen, und wir tun es. Das Fluidum beginnt zu wirken. Ein düsterer Schwung packt das Orchester. Nachdem wir den Brief an Metella und *Ce que c'est pourtant que la vie* gehört haben, bewahren wir für immer einen unauslöschlichen Eindruck von dieser mysteriösen Kraft. Liest man *La Danse macabre* von Baudelaire, ist man überrascht von der Ähnlichkeit mit der Musik Offenbachs:

Cette coquette maigre aux airs extravagants . . .
Avec son gros bouquet, son mouchoir et ses gants . . .
Aucuns t'appelleront une caricature,
O charme d'un néant follement attifé!
(Dieses kokette, magere Weib da mit extravagantem Gehabe,
den Handschuhen, dem Sträußchen und dem Seidentuch . . .
Für manch einen bist du wohl eine Karikatur,
oh Zauber eines närrisch ausstaffierten Nichts!)

Dieser letzte Vers könnte gut als Motto zu der in *Orphée aux enfers* gespielten Quadrille dienen; wer nur schlecht den Strom der Poesie leitet, der wird an ihrem altmodischen schmissigen Glanz Gefallen finden, ein guter Leiter indes spürt, wie alte Wunden wieder aufgerissen werden.

Im Jahr 1914 galt der Tango nicht wenigen griesgrämigen Zeitgenossen als Machwerk, das der deutsche Satan zur Korrumpierung unseres Volkes ersonnen habe. Sie irrten sich. Was soll man da über Offenbach denken? Mußte man nicht, unter solch einem Blickwinkel betrachtet, im Jahr 1869 hinter seinem Erfolg einen verhängnisvollen Zusammenhang mit den Zeitläuften argwöhnen? War das nicht der Tanz in den Abgrund?

Ich habe bereits an anderer Stelle darüber berichtet, daß Madame Wagner im Dunkel ihrer Loge weinte, als sie einer vor kurzem erfolgten Neuaufführung von *La Belle Hélène* beiwohnte. Beim *Einzug der Götter nach Walhall* in

Bayreuth hätte sie keine Träne vergossen. In Paris aber, unter dem Druck der Erinnerungen, vom Fluidum berührt, weinte sie, als *La Marche des Rois* ertönte.

☆

Einst führte der Handwerksmeister aus, was die Priester in Auftrag gaben. War er ein Künstler? In jener Zeit zeichnete sich sein Werk zweifach aus: durch eine schöne Form und eine tiefe Bedeutung. So waren im alten Ägypten die wahren Bildhauer Juden. Heute befindet sich die Kunst allein in den Händen der Handwerker und vegetiert dahin. Den Handwerker-Priester findet man nur noch ganz selten. Auf ihn richtet sich unsere ganze Aufmerksamkeit. Das Publikum aber gibt sich damit zufrieden, Türen, die ins Leere führen, zu bewundern. Es heißt, die sonderbaren Regeln des Schachspiels gründeten auf dem Irrweg der Bundeslade. Wer weiß, worin das uralte Spiel der Kunst verwurzelt ist? Noch der schlechteste Spieler rührt tiefer an das Mysterium, als es den Anschein hat.

Das ist ein weiterer Grund, weshalb dieses Spiel uns keine Ruhe läßt, weshalb es so viel Unbehagen, Überraschungen, Schmerz und Tröstung hervorruft.

Nichtsdestotrotz ist es eine sehr menschliche, eine irdische und gewissermaßen bescheidene Angelegenheit. Die von ihm ausgehende Gefahr ähnelt der Gefahr, die sich mit der Bundeslade verband, jenem großen elektrisch betriebenen Apparat, um den sich ein Volk scharte, das keine Ahnung von Elektrizität hatte. Der Kuhhirt, der seine Ochsen nach Jerusalem treibt und ihn zufällig streift, fällt tot um; vielleicht wurde er von Gott niedergestreckt, vor allem aber wurde er ein Opfer seiner Unvorsichtigkeit. Mit Sicherheit wagten sich die Priester erst heran, nachdem sie den Stromkreislauf abgeschaltet hatten. Genauso liegen die Geheimnisse der Kunst in der Hand des Menschen.

Der Mensch hat also ein Recht, dieses Spiel zu spielen. Anders verhält es sich mit der Wissenschaft und der Metaphysik, in die die Wissenschaft meist mündet. Der Dichter, dem keine Schranken auferlegt sind, birgt zuweilen eine Perle aus Tiefen, in die wissenschaftlichem Urteil zufolge niemand gelangen kann. Langsam und verbissen spielen Metaphysik und Erste Ursachen miteinander Verstecken. Der Dichter findet das Versteck beim Herumspazieren. Doch obgleich er den anderen stets ein Stück voraus ist und immer fündig wird, schlägt er aus seinen Entdeckungen niemals Kapital. Er sieht etwas und geht daran vorbei. Er läßt das Unbekannte in Frieden, stellt ihm nicht nach.

Gerade wegen dieses Privilegs, weiter und richtiger zu sehen als jede Wissenschaft, ist die Kunst von einer Aura des Sträflichen umgeben. Die Wissenschaft ist behäbig, zählt vorsichtig ihre Schritte und irrt sich trotzdem. Es scheint, als kümmere sie das Unbekannte nicht sonderlich; umgekehrt ist es ähnlich. Es kommt vor, daß sie dem Menschen hilfreich ist. Von den Göttern aber hält sie sich stets fern.

Das Unbekannte ist ein Gewässer, das »unseren Sonden unergründbar bleiben muß«. Wissenschaft, Philosophie und Okkultismus tummeln sich darin, planschen am Ufer herum.

Die Künstler bauen ein Schiff, eine Strandvilla.

Der Mensch, der das Spiel der Kunst betreibt, beschäftigt sich so durchaus mit seinen eigenen Angelegenheiten, er läuft dabei allerdings Gefahr, Dinge zu berühren, die ihn nichts angehen. Die Entdeckungen eines Einstein über-

steigen unsere Wenigkeit, ohne bis vor die Augen Gottes zu gelangen. Einstein kämpft sich mit dem Nichts ab.

Jemand wie er liefert Beweise für Irrtümer. Er öffnet neuen Irrtümern Tür und Tor. Um allen Ernstes Irrtümer aufdecken zu können, müßte man sich in Höhen begeben, in denen man ungehört bleibt. Für die Masse der Möchtegern-Denker verständlich zu sein raubt jeder Theorie die Schlagkraft.

Man stelle sich folgende Fabel vor: In einer runden, auf einem Tisch liegenden Flasche lebt eine Vielzahl von Insekten. Nach einiger Zeit macht ein Insekt die Entdeckung, daß ihr Universum eine Scheibe ist, etwas später findet ein anderes heraus, daß es sich um einen Kubus handelt. Ein anderes wiederum entdeckt, daß das Universum dreieckig ist – nach einiger Zeit kommt einem weiteren der Gedanke, daß sie frei leben, aber der Anziehung einer gewölbten Oberfläche unterliegen. So geht das endlos weiter. Ein Dichter-Insekt schreibt schließlich, um auf das Wort »Asche« zu reimen: *»Ich armer Gefangener einer runden Flasche.«*

Es hat alles entdeckt, doch niemand wird dadurch aufgeklärt.

Ich betrachte einen festen Gegenstand, einen alten Nagel. Seine Materie besteht aus einander nicht berührenden Molekülen, die sich in rasender Geschwindigkeit bewegen. Man stelle sich vor, daß eines dieser Moleküle von denkenden Wesen, wie wir es sind, bevölkert ist. Sie leben und träumen, während sie durch die Leere des Raumes kreisen. Es ist keine echte Leere, denn in unterschiedlichen Entfernungen sehen sie andere, ebenfalls kreisende Moleküle, die ihnen Licht und Wärme spenden. Würde ihr Stolz es zulassen einzugestehen, daß sie nur ein verschwindend kleines Teilchen einer imposanten Nagelspitze sind?

Die in unserer Atmosphäre vorhandenen Stoffe lassen

mich zu der Annahme neigen, daß unsere Luft, unser Äther zu jenen Räumen zählen, die die Moleküle eines festen Gegenstandes voneinander trennen.

Ich gelange zu der Überzeugung, daß die Erde, die Sonne, der Mond, zu einer Nagelspitze gehören, während ich mich auf einer Erde befinde, die wiederum ... etc. Viel weiter bringt mich das nicht.

Welch ein Dilemma, welche Verlorenheit!

Ich kehre zurück zu den Spielen, die mir Trost spenden.

Dem Willen zur Disziplin ist es also geschuldet, wenn ich den Künstlern rate, die Kunst nicht mit Wissenschaft, Philosophie und Okkultismus durcheinanderzubringen. Solche Vermischungen führen entweder zu Schlampigkeit oder zur Schöngeisterei gelehrter Frauen. Picassos Kunst ist im Grunde ganz einfach, und man könnte so viel von ihr lernen. Doch nicht nur der Terminus »kubistisch« verstellt den Blick, sondern auch jene nutzlosen Abhandlungen, in denen, anstatt von Malerei, von Poincaré, Bergson, der vierten Dimension und der Zirbeldrüse die Rede ist.

☆

Marnold, der Kritiker des *Mercure*, wirft mir vor, nur in Metaphern über Musik zu sprechen. Für mich ist es die einzig mögliche Ausdrucksweise. Ich könnte mir von den Musikern helfen lassen, um dann bei der naiven Leserschaft Eindruck zu schinden. Aber zum einen finden sogar die Musiker selbst die Artikel der Techniker unverständlich, und zum anderen bin ich kein Techniker; mir liegt vor allem daran, mich klar auszudrücken.

»Man kann ein Musikstück nur lieben, wenn man sich mit Kontrapunkt und Harmonielehre genau auskennt«, sagte Marnold zu mir. Genauso gut könnte man behaupten, daß man sich eines Baumes nur erfreuen kann, wenn man über den Aufbau seiner Fasern Bescheid weiß, oder ein Gericht nur dann genießen, wenn man Koch ist. In diesem Punkt bin ich uneins mit einem ansonsten sehr sympathischen Mann, der immer wieder für die jungen Künstler eintritt.

Während es der Kunst abträglich ist, wenn sie aus der Wissenschaft zu schöpfen sucht, hindert nichts den Künstler daran, die Zahlen aus ihrem Käfig zu lassen. Die Kunst ist fleischgewordene Wissenschaft.

Aus Zurückhaltung behandeln wir leichthin, was uns zutiefst beunruhigt. Diese Zurückhaltung verhindert, daß man uns Aufmerksamkeit schenkt, uns ernst nimmt. Das dem *Potomak* zugrunde liegende Drama habe ich durch tausenderlei Scherze kaschiert. Genauso pfeift man, um sich im Dunkeln Mut zu machen.

☆

Wenn etwas mit unbändiger Kraft wächst, wittern die anderen sogleich rücksichtsloses Erfolgsstreben. Dieser Vorwurf trifft insbesondere das Theater und jene, die sich damit beschäftigen, weil es mehr als Bücher das Interesse auf sich zieht. Mich hat dieser Vorwurf immer erstaunt.

Aufsteigen ... Aufsteigen zu was? Und wohin?

Wer sich wie wir am Rande der Welt der Ehrungen und des Erfolges bewegt, für den ist eine Karriere ebenso sinnlos wie eine Handvoll Geldscheine für einen Wilden. Sicherlich ist es gerade solche Gleichgültigkeit gegenüber Lobeshymnen, die den aus dem Rahmen fallenden Aufführungen ein großes Echo verschafft. Obwohl ich Kritiken zu meinem Werk, gute wie schlechte, grundsätzlich nur dann lese, wenn ich dazu gezwungen werde, ist mir nicht entgangen, daß um unsere Stücke immer ein riesiger Wirbel, eine Art Gratis-Reklame veranstaltet wird.

Dabei sind die Kritiker entweder der Überzeugung, daß unsere Gruppe ein Vermögen in jede Aufführung investiert, oder aber, daß uns jede Aufführung ein Vermögen einbringt. Von Freunden wurde ich über die merkwürdigsten Artikel informiert. Daher weiß ich, ohne je den *Mercure de France* oder die *Action française* gelesen zu haben, daß im Jahre 1921 der Kritiker der erstgenannten Zeitschrift Auric, Honegger, Durey, Milhaud, Poulenc, Germaine Tailleferre und mich für Millionäre, Cézanne und Chabrier dagegen für mittellose Künstler hielt. Im übrigen war er felsenfest davon überzeugt, daß wir nur gegen Bezahlung zur Aufführung gelangten. Der andere Kritiker war der Ansicht, daß es »mir einzig darum ginge, meinen Namen irgendwo gedruckt zu sehen«. Es ist erstaunlich, daß renommierte Zeitungen und Zeitschriften bereit sind, solche unsinnigen Naivitäten wiederzugeben, und daß es Leute gibt, wie ungebildet sie auch sein mögen, die fähig sind, so etwas zu schreiben.

Ich habe mich immer gefragt, warum Stücke wie *Parade, Le Boeuf sur le toit* oder *Die Hochzeit auf dem Eiffelturm* den Theater-Profis so sehr gegen den Strich gehen und bis heute angefeindet werden, denn im Grunde stellen sie keinerlei Konkurrenz dar. Sie nehmen niemandem das Brot weg. Sie werden nur wenig gespielt. Sie haben nichts mit dem Boulevard-Theater zu tun und entwickeln sich unabhängig von den aktuellen Theaterproduktionen.

Ein Artikel unseres Freundes Lugné-Poë öffnet mir die Augen. Obwohl er Format genug besitzt, sich vor nichts zu fürchten, zeigt er sich bestürzt. Er warnt vor einer Gefahr. Er stellt fest, welch starken Einfluß auf die allgemeine Stimmung jene neue Sorte von Theater besitzt, die sich außerhalb des eigentlichen Theaters entwickelt und der gegenüber das Theater immer veralteter wirkt; sie bietet keinen Ersatz für das Theater, sondern läßt das Publikum auf diffuse Weise des Theaters überdrüssig werden.

Der Zirkus, das Varieté, das Kino und jene von Serge Diaghilew eingeleiteten Bühnenprojekte, die den jungen Künstlern hervorragende Ausdrucksmittel an die Hand geben – ohne daß sie sich über ihre gemeinsame Stoßrichtung im klaren wären, sind all diese Kräfte Teil einer Verschwörung gegen das Theater oder vielmehr gegen das, was davon übrig geblieben ist, nämlich ein verstaubter Bilderbogen.

Die Boulevard-Stücke erwecken immer einen Hoffnungsschimmer. Wenn dieser oder jener Autor es so weit bringen kann, wenn diese alte Schauspielerin so jung erscheinen kann, dann, so denkt das eingeweihte Publikum, dann ist für uns noch nicht alles verloren. Solchen Gefühlen verdanken die Generalproben im großen und ganzen ihren Erfolg.

Einmal habe ich einen Dramaturgen erlebt, der gerade in Mode war und uns an seinem bescheidenen Glück teilhaben lassen wollte. Neben mir saßen vier Frauen mit gelblichen Haaren, vom Schlage derer, wie man sie nur im Theater antrifft. Mit einem Taschentuchzipfel tupften sie sich vorsichtig die Tränen aus den Augenwinkeln, damit nur ja die Schminke nicht verschmiert.

Handelt es sich dabei nicht um ein unbedeutendes Detail? Irrtum: die sich so verhalten, sind das *Elitepublikum*. Der Rest trottet wie eine Hammelherde hinterher.

Zerstreut, nur um sich zu amüsieren, verfolgt dieses Publikum unsere Aufführungen. Doch deren geheimnisvolle Ausstrahlung läßt einen unauslöschlichen Eindruck zurück. Er stört, wie ein Kitzel in der Nase, der es aus dem

Schlaf weckt. Es bäumt sich auf. Es wird kopfscheu. Das Theater ist nämlich ein kraftvolles Medium der Poesie.

Nur leider zwingt es zu unmittelbarem Erfolg. Der einzig aussichtsreiche Weg ist daher, ein Mißverständnis hervorzurufen, dank dessen verschiedene Zuschauergruppen gleichzeitig auf ihre Kosten kommen (Shakespeare, Molière). Ich erlaube mir, im Zusammenhang mit dieser diffizilen Frage auf das Vorwort der *Hochzeit auf dem Eiffelturm* zu verweisen.

☆

Kommen wir zum Erfolgsstreben zurück.

Selbst wenn man die öffentliche Anerkennung als Maßstab anlegt, was ist schon Erfolg? Victor Hugo hat Erfolg? Das möchte ich bezweifeln. Die Wirtin meiner Herberge kennt seinen Namen nicht. Die jungen Leute lesen seine Bücher nicht mehr. Baudelaire ist von Lesern umschwärmt. Hat er deshalb Erfolg? Ist ein Stück Fleisch erfolgreich, weil sich die Fliegen auf ihm tummeln? Eher ist es wohl nicht mehr ganz frisch.

Die Erde dreht sich, ohne Erfolg zu haben, ohne an ein Ziel zu gelangen. Nur der Augenblick zählt. Es gibt gelungene Werke, die gedeihen wie jene Samenkörner, die in Ägypten der Mumie eines Mädchens beigelegt wurden und aus denen nach der Ausgrabung, fünftausend Jahre später, in Baltimore Rosen erblühen. Nun war der große Augenblick für diese Rosen gekommen.

Wenn sie jung ist, wird die Schönheit hierzulande verachtet. Ist sie gealtert, schafft man sie sich vom Halse. Ist sie tot, wird sie einbalsamiert. Dann aber wendet sich die Jugend in Trauer von ihr ab.

☆

Sollte man darauf bestehen, daß ich noch einmal zusammenfasse, einen Überblick über den zurückgelegten Weg gebe, so möchte ich folgendes festhalten:

Die Form hat die Form des Denkens zu sein. Nicht eine Art und Weise die Dinge zu sagen, sondern sie zu denken.

Bei dem Bedürfnis, sich öffentlich Ausdruck zu verschaffen, handelt es sich um eine Ausdünstung, die nur dann zu entschuldigen ist, wenn wir von Geburt an daran leiden und nicht davon geheilt werden können.

Wenn jemandem etwas nicht paßt, muß er sich beherrschen oder sich eine Kugel durch den Kopf jagen. Es ist unzumutbar, daß ein Zuschauer ein Stück absurd findet, aber im Saal bleibt, um keine kalten Füße zu bekommen, und durch Proteste und Pfeifen die anderen am Zuhören hindert.

Nur sehr wenige Leute sind auf der Höhe ihrer Zeit. Eigentliche »Wegbereiter« gibt es nicht; die als solche bezeichnet werden, bringen nur den Geist einer Epoche zum Ausdruck, die ihrer selbst nicht bewußt ist. Ein einziger von ihnen genügt, und ohne dessen gewahr zu werden, hinkt seine Epoche hinter ihm her.

Ignoranz, Dummheit, mangelnde Sensibilität und geistiger Skeptizismus sind ein Schutzmantel für die jungen, empfindlichen Früchte eines Landes. Wie in einem Eisschrank wird ihre Frische bewahrt. Durch zuviel Neugierde, Ernst, Zuvorkommenheit und Nachsicht verlieren diese Früchte ihre Zartheit, weil sie unnütz herumgereicht werden.

Auseinandersetzungen sind anspornend. Das Wohlwollen des Publikums wirkt einschläfernd.

Es ist wie beim Pelota-Spiel: Wir brauchen unbedingt eine Wand, gegen die wir anspielen können, alleine, mit oder gegen die anderen. Benutzen wir ein allseits anerkanntes Meisterwerk als Übungswand, so beschuldigt man uns der Überheblichkeit, handelt es sich um einen großen Künstler, so ist von Boshaftigkeit die Rede.

Weder das Meisterwerk noch der große Künstler sind Zielscheiben. Eine Pelota-Wand ist keine Zielscheibe. Es werden keine Pfeile abgeschossen, die sich in den Gegenstand hineinbohren, sondern Bälle, die wieder zurückprallen. Im Baskenland käme niemand auf den Gedanken, eine Pelota-Wand zu bedauern. Um sie nicht zu beschädigen, Löcher oder einen Riß zu verursachen, wählen wir vorsorglich eine stabile Wand aus, die auch den härtesten Bällen standhält.

Als ich unter dem Obertitel *La Noce massacrée* (Die niedergemetzelte Hochzeitsgesellschaft) Maurice Barrès attakkierte, diente er mir zugegebenermaßen als Pelota-Wand. (Es handelt sich um eine Hochzeit, deren Scheinopfer unverwundbar, sofort wieder auf den Beinen sind.) Ich brauchte eine sehr hohe und standfeste, für alle gut sichtbare Wand, auf die nur Sonnenstrahlen fielen. Selbst meine schärfsten Bälle durften sie nicht erschüttern, sollte sie meinem Spiel bestmögliche Dienste leisten.

Das gleiche gilt für *Madame Bovary*, um die es auf den ersten Seiten des *Berufsgeheimnisses* geht. Ich tue ihr nicht weh. Es gibt also keinen Grund für Vorwürfe oder Geschrei. Man lasse mich ganz einfach laufen und springen, meine Fertigkeiten vervollkommnen. In Saint-Jean-de-Luz, in Hendaye oder Bayonne darf wochentags jeder Amateur an die Pelota-Wand und soviel üben, wie er Lust hat. (Barrès, diese Mauer, der meine Bälle nichts anhaben können, braucht nicht beleidigt zu sein, wenn ich ihn mit einer Mauer vergleiche. In mehreren Dörfern habe ich welche gesehen, deren Vorderseite als Spielwand diente, während die Rückseite mit Pfirsichen, Trauben und Rosen bewachsen war.)

Es läßt sich nicht umgehen, daß ein sehr freier Mensch, der keinerlei Lob oder Belohnungen erwartet, größenwahnsinnig wirkt.

Der Dichter ähnelt den Toten insofern, als er unbemerkt unter den Lebenden weilt und erst nach seinem Tod undeutlich von ihnen wahrgenommen wird. Auf die Toten bezogen heißt das: wenn sie als Gespenster erscheinen.

Gedichte, Poesien und Poesie sind nicht das gleiche. Die Tatsache, daß es ausgezeichnete Blitzableiter gibt, in die niemals der Blitz einschlägt, schmälert die Macht des Gewitters nicht.

In einer Form, die unsereins als wirr und gleichsam stürmisch empfindet, ist die Poesie den verschiedensten Menschen gemeinschaftlich erfahrbar.

Dieses Gemeinschaftsgefühl vom Sturm verschreckter Schafe erzeugt künstliche Übereinstimmungen, die zu Mißverständnissen und Zwietracht führen.

Schiffskatastrophen, drohendes Unheil für Vaterland und Aktienkurse sind reich an Poesie dieser Art.

Sobald die Poesie für einige wenige Menschen klare Formen annimmt, hört sie auf, für alle Welt eine Selbstverständlichkeit zu sein.

Nachdem man dem Reim und den starren Regeln untreu geworden ist und sie durch intuitive Regeln ersetzt hat, kehrt man mit neuer Sorgfalt zum Reim und den starren Regeln zurück.

So bringt beispielsweise ein Dichter, der eine solche Rückbesinnung hinter sich hat, in einem einzigen Vers zum Ausdruck, was er früher weitschweifig in vier Strophen ausführte.

Hat man, nachdem man untreu geworden ist, wieder

zu seiner ersten Liebe zurückgefunden, so verleiht ihr das eine Kraft, die sie unzerstörbar macht; wo hingegen nicht die geringste Untreue vorkommt, ist sie potentiell immer möglich.

Es gibt sowohl Erfinder neuer Ausdrucksmittel als auch mit den alten Mitteln sich bescheidende Künstler, denen es niemals gelingt, das Fluidum einzufangen. Insofern kann man getrost von »Gnade« sprechen, doch die Gnade ist ein Mysterium, das die Menschen nichts angeht; zudem ist außerhalb der religiösen Versenkung jeglicher Mystizismus fehl am Platz.

Die Musik, die Malerei, die Bildhauerei, die Architektur, der Tanz, die Lyrik, die Dramaturgie und jene Muse, der ich den Beinamen *Kino, die zehnte Muse* gab, sind Fallen, mit denen der Mensch der Poesie nachstellt, um sie sich dienstbar zu machen.

Nur wenige dieser Fallen funktionieren tatsächlich, nur wenige Lichter gehen an, und die meisten Leute stolzieren im Dunkeln umher, während sie der Überzeugung sind, daß ihr Haus strahlend erleuchtet sei.

ZU THOMAS DEM SCHWINDLER

Aus dem Französischen übersetzt
von Reinhard Schmidt

Schweigen zeugt von Höflichkeit; es setzt unter der Hand voraus, der andere sei imstande, auf Anhieb unsere geringsten Absichten zu erfassen. Vorworte sind eine Höflichkeitsgeste weniger leichter Art. Sie treten dem guten Willen hilfreich zur Seite, den Probleme größerer Tragweite als unsere Schriften ablenken.

☆

Die Ideen, die, wie Nietzsche sagte, *auf Taubenfüßen einherkommen,* gelangen stets ans Ziel. Doch wie viele Verzögerungen lassen sich mit ein paar Worten vermeiden, die dreißig Leser verärgern und allen anderen Aufklärung verschaffen! Man darf übertriebene Zurückhaltung nicht mit Würde verwechseln. Wenn man sich niemals erklärt, läuft man Gefahr, zwischen sich und den Menschen, die man erreichen möchte, eine Mauer zu errichten, wie sie so viele Väter und Söhne voneinander trennt – ein berühmtes Beispiel hierfür hinterlassen uns Jules und Benjamin Constant.

Zweifelsohne werden Sie es nach Lektüre meines Buchs überflüssig finden, davon soviel Aufhebens zu machen. Aber wir leben leider in einem Zeitalter, in dem, was einmal Schamgefühl hieß, stets das Nachsehen hat.

Das lärmende Treiben, die Jazzband, die uns das dumme Gerede zuschreibt, die Leuchtreklamen, die das nächtliche Gesicht der Großstädte mit nervösen Zuckungen überziehen, all das erfordert, eine Absicht, die auf Fingerspitzengefühl baut, eigens hervorzukehren. Einst konnte solch eine Absicht wie eine Frau im Kreis einer Salongesellschaft auftreten. Mit den Transportmitteln, der Beleuchtung und dem Wert des Geldes verändern sich eben auch Feingefühl, Zurückhaltung und Bescheidenheit.

☆

Meine gestrengen Kritiker werfen mir vor, ich wolle brillieren, und die mir Beifall spenden, fürchten, dieses Brillieren könnte mir schaden. Worin soll denn solch ein Brillieren bestehen? Es tut sich eine Welt auf zwischen Bebildern und Sich-eines-Bildes-Bedienen, um Abstraktes zu versteinern, es in einen konkreten Zustand überzuführen, es praktisch werden zu lassen. Das Bild um des Bildes willen, das nenne ich Brillieren. In der *Großen Kluft* habe ich drei oder vier Bilder auf dem Gewissen. Der Rest gehört zum Gewebe selbst und rührt nicht von zusätzlichem Farbauftrag.

Was man in *Thomas* für eine Glanzparade halten könnte, nämlich die Beschreibung der Dünenlandschaft, unterstreicht einen Charakter.

Kehren wir zu der *Großen Kluft* zurück. Sich über belanglose Handlung und altbekannte Typenzeichnung zu beschweren bedeutet nichts anderes, als uns jenes französische Schamgefühl zum Vorwurf zu machen, das das Erhabene bedeckt hält, wirkt es doch hierzulande anstößig, sobald man es zur Schau stellt, und nur bei schwerfälligen Rassen natürlich.

☆

Thomas der Schwindler ist eine Geschichte, so wie *Die große Kluft* ein Roman ist. Der Titel klärt über die Gattung auf, nicht der Umfang. *La Chartreuse de Parme** mit ihren zwei dicken Bänden ist eine Novelle.

Unsere besten Kritiker stellen fest, daß sich die Literatur in Bewegung befindet, die Gattungen jedoch nehmen sie davon aus. Sie sähen gern eine Randliteratur entstehen. Nun gibt es aber niemals eine Literatur am Rande und im Grunde auch keine Entwicklung der Gattungen. Die Gattungen bewegen sich auf der Stelle, um so schwieriger sind sie zu erkennen. Aber wie soll man sie dann erkennen? – Indem man die Werke anfühlt. Der Tastsinn verrät einem, daß *Die große Kluft* ein Roman ist.

Der Kinematograph sollte eine Psychologie ohne Text entfalten. Mit *Thomas* versuche ich, einen Text ohne Psychologie zu entfalten, oder mit einer so rudimentären, daß sie den wenigen erläuternden Zeilen eines vorbildlichen Films entspräche. Die Analysen des falschen nackten Romans haben den gleichen Stellenwert wie die Landschaften im falschen beschreibenden Roman.

☆

Ich kenne Leute, die mich tadeln, weil ich viel Stoff in Unterhaltungen vergeude und mir beim Schreiben eine Farbgebung verbiete, der ich mich im Gespräch gern überlasse. Zuerst einmal ist die Konversation eine Übung; ich mische die Karten. Ferner verhält sie sich zum Werk wie ein Taschengeld zu einem Vermögen. In *Thomas* habe ich versucht, Taschengeld anzulegen, ihm Gewicht, Ernsthaftigkeit und Aussicht auf Wachstum zu verleihen; in der

* [*Anm. d. Übers.:* Roman des französischen Schriftstellers Stendhal (1783–1842).]

Großen Kluft hingegen habe ich Kapital in Kleingeld umgewandelt.

☆

Gibt es so etwas wie den Mut, das zu tun, wozu wir geboren sind? Ich habe keine Neigung zur Arbeit, aber die Arbeit um so mehr zu mir. Sie zwingt mich mit Gewalt. So habe ich denn ohne willentliche Entscheidung den Mut aufgebracht, *Die große Kluft, Plain-Chant* und *Thomas den Schwindler* zu schreiben, als der Jugend und meinem eigenen Milieu noch der Sinn nach Bizarrem stand und sie erwarteten, daß ich weiter an den Spielregeln feilte. Was ich nun biete, sind ein paar schlichte heilkräftige Essenzen – ein Hausmittel gegen den Modernismus. Das Angebot kommt schon vor der Nachfrage. Es sollte ihr immer vorangehen.

☆

Man mag mich vielleicht anklagen, ich malte in *Thomas* den Krieg mit leichtfertigem Pinselstrich. Ich entschuldige mich dafür, wie sich der Legende zufolge Watteau auf seinem Totenbett bei dem Pfarrer von Nogent dafür entschuldigte, daß er ihn im Kostüm eines Hanswursten gemalt hatte. Wenig später weigerte sich ebendieser Watteau, von ebendiesem Priester ein Kruzifix entgegenzunehmen, dessen Christus er schlecht geschnitzt fand. Ich muß gestehen, gewisse schauerliche heilige Güter stören mich. Ich lehne sie aus Achtung vor dem Göttlichen ab. Während des Kriegs hatte ich das Glück, einige Zeit im Norden bei den Marinefüsilieren zu verbringen. Wenngleich ihr Heroismus außer Zweifel steht, sah ich ihn niemals unter einem Blickwinkel in Erscheinung treten, der mich schockiert hätte. Man behielt dort immer festen Boden unter den Füßen. Er glich dem Mut, wie das Genie, das ich schätze, dem Talent gleicht.

Nur in dem Leerraum des Kriegsbeginns konnten die Gestalten von *Thomas* ihren Niederschlag finden und aufeinandertreffen. Sie sind die schillernden Fliegen auf dem Leichenhaufen. Sie treten auf und treten ab wie Melisande.* Ihnen entsprechend fällt die Beschreibung des Krieges aus, so wie er sich von den Kulissen her darstellt. Er endet mit Guillaumes Tod, der die Apotheose eines Zaubermärchens ist: der Augenblick, da sich das Reh in eine Prinzessin verwandelt. Als Guillaume plötzlich der Tod ereilt, wird aus dem Kind, das spielte, es sei ein Pferd, tatsächlich ein Pferd.

☆

Daß *Thomas* nicht nach dem Vorbild der *Großen Kluft* aufgebaut ist, bezeichnet keinerlei Fortschritt. Es handelt sich um ein anderes System.

Die große Kluft zeigt den Spezialisten das Gerüst einer Achterbahn. Der Leser setzt oben ein, fällt ziemlich tief in die Verwicklungen einer dürftigen Handlung, steigt rasch kraft seines eigenen Schwungs wieder empor und landet (Epilog) im flachen Gelände des Auslaufs. Der Stoß der Puffer beendet seine Fahrt.

Mein nächstes Buch bewegt sich unter ständiger Erhöhung der Geschwindigkeit fort. Es zeigt sozusagen in Zeitlupe die Fallstrecke von einem Fenster im fünften Stock bis hinab auf den Gehsteig. Das Opfer dieses Sturzes bezieht

* [*Anm. d. Übers.:* Anspielung auf das Stück *Pelleas und Melisande* des belgischen Schriftstellers Maurice Maeterlinck (1862–1949): Plötzlich aus dem Unbekannten aufgetaucht, stirbt die schöne Melisande bald wieder, nachdem ihrer Liebe Erfüllung verwehrt ist.]

daraus keinen sonderlichen Gewinn. *Thomas der Schwindler*, mein lieber Lefèvre*, könnte den Untertitel tragen: »Eine Sekunde mit einem unbekannten Dichter.«

☆

Bei der *Großen Kluft* spricht man von Autobiographie, weil sie sich den Anstrich dieser Gattung gibt. Ebenso falsch wäre die Behauptung, *Thomas* sei mir spontan unter der Feder entstanden, weil ich in diesem Buch, in dem ich mich mit Vorsatz von der Gattung der Autobiographie entferne, einen zügig dahinfließenden Schreibstil imitiere.

Meine Person kommt in der Art und Weise zum Ausdruck, wie ich die Tatsachen angehe und sie heranziehe. Ein Roman, eine Novelle, eine Erzählung können nur direkte Kritik sein. Nun ist mir bei einer Kritik nicht das kritisierte Werk wichtig (das kann ich sehr gut alleine beurteilen), sondern das Verhältnis des Kritikers zu dem, wovon er spricht. Wenn sein Vormund mich berührt, verstärkt sich das Licht, das auf ihn selbst fällt. In der *Großen Kluft* steckt nicht mehr Autobiographie als in *Thomas dem Schwindler*.

☆

Bliebe noch die Frage der Dunkelheit. Es gibt kein einziges lichtdurchflutetes Werk, das ihr nicht seine schönsten Schattenplätze verdankte. Das gilt für *Adolphe*, *La Princesse de Clèves* ebenso wie für den *Idioten*.** Aber gemeinhin ver-

* [*Anm. d. Übers.:* Vermutlich spricht Cocteau hier Frédéric Lefèvre an, den Chefredakteur der *Nouvelles littéraires*, in denen dieser Artikel ursprünglich veröffentlicht wurde.]

** [*Anm. d. Übers.: Romane von Benjamin Constant, Marie-Madeleine de La Fayette und Fjodor Dostojewski.]*

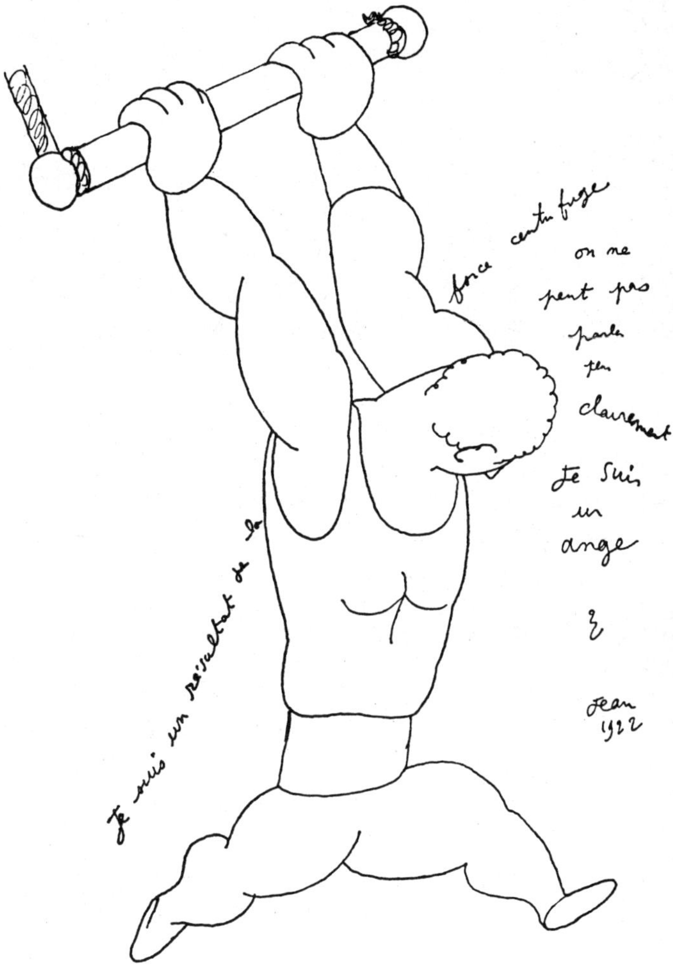
force centrifuge
on ne peut pas parler plus clairement
Je suis un ange
&
Jean 1922
Je suis un résultat de la

wechselt man die Dunkelheit der Oberfläche mit der der Tiefe, vor allem seit der großen Krise der Rätselspielerei in Frankreich (1873–1920).

Nehmen wir uns ein Gedicht von Mallarmé unters Messer und streifen ihm die Schale ab. Sieben kostbare Schleier verhüllen einen Jugendstilkunstgegenstand auf seinem Schreibtisch.

Solche Dunkelheit der Oberfläche fordert neugierige Fragen heraus; man macht sich über sie lustig. Doch rasch flößt sie eine Art Respekt ein. Der Leser von 1923 zittert davor, naiv zu erscheinen.

Rimbaud für seinen Teil bringt das Wunder zustande, beide Formen von Dunkelheit ins Werk zu setzen.

Ein Werk, dessen Vorderseite hell und klar ist und dessen Rückseite die ganze Nacht eines Individuums in sich birgt, wird heutzutage verfemt werden. Die Rätsellöser werden glauben, mit einem Blick alles erfaßt zu haben.

Unsere Lehrmeister hatten also den Gegenstand unter der Poesie versteckt. Wir führten diese Bemühungen fort, komplizierten sie sogar und vereinfachten sie schließlich. Forthin wird es unsere Rolle sein, die Poesie unter dem Gegenstand zu verstecken. Darum unterbreite ich dem Publikum Fallen, und keineswegs unerwartete Fallen. Wer käme angesichts so eines unscheinbaren Dings auf den Gedanken, daß Liebe, Tod und Poesie ihm innewohnen?
Und doch ist dem so, hört man ein paar Takte von Mozart wie das *Là ci darem la mano* in dem Duo aus *Don Giovanni*.

☆

Paul Valéry ließ mir eine große Ehre zuteil werden und gab mir den Beinamen *Salz der Erde*. So viel verlange ich gar nicht; doch ich wünschte, man schmeckte in *Thomas* eine weiße lebhafte Schärfe heraus, die sich von der der Gewürze vollständig unterscheidet. Spitz genug, schnell genug zu sein, um mit einem Mal das Komische und das Schmerzliche zu durchdringen, darauf zielen meine Übungen. Ich weiß, daß mir das den Ruf eines Akrobaten, eines Clowns einbringt. Was soll's! Könnte ich nur meine Seele so vollendet gestalten wie diese Gaukler ihren Körper!

BRIEF AN JACQUES MARITAIN

Aus dem Französischen übersetzt
von Ingrid Axmann

Wir wissen sehr genau, was dies heißt:
Vom Ball und den Weintrinkern scheiden

EIN SCHLAG INS WASSER

Wenn man jemals herausfinden wird, worin ich einzigartig und unübertroffen auf der Welt war, wird sich die Befreiung der literarischen Gattungen aus ihrer Unbedarftheit als meine große Stärke erweisen. Aber da die Franzosen mittlerweile unfähig sind, das Einfältige zu erkennen, und es für erhaben oder humorvoll halten, kann man sich leicht ausmalen, daß sie nicht begreifen, was das heißt.

Mein kühnstes Unternehmen war der Versuch, auch der Gefühlswelt die Einfalt zu nehmen. (Von den anderen bezog ich dabei Schläge wie ein Boxer, und nur selten bin ich mit einem blauen Auge davongekommen.) Der *Brief an Jacques Maritain* war als Bombe gedacht, die den Plunder von Saint-Sulpice in ein Nichts verwandeln sollte. Es ging darum, der Kirche Güter zurückzugeben, die ihr abhanden gekommen waren. Ich hatte die Umsicht und die Selbstbeherrschung des hohen Klerus unterschätzt. Anstatt mich aus dem Tempel zu verjagen, behandelten die Kirchenoberen meine Bombe wie einen seltenen, in Watte gehüllten Pflanzensprößling. In ihrer Hand wurde daraus die beispielhafte Rückkehr eines verlorenen Sohnes, eine Bekehrung, würdig, den Ruf der Gnade weithin zu Gehör zu bringen. Um es kurz zu sagen: Sie verhinderten die Explosion.

Auf die gleiche Weise hatte ich 1915 in Coxyde Granaten vom Kaliber fünfundsiebzig entschärft. Es war damals Mode, an die Pariser Damen in Geschoßhülsen verpackte Süßigkeiten zu verschicken.

Jacques Maritain ist eine Seele, die sich aus lauter Höflichkeit als Körper verkleidet hat. Mit einer Antwort, in der er vermied, dem von mir eingeschlagenen Weg zu folgen, raubte er meinem Brief die Sprengkraft.

Ich liebte ihn zu sehr, als daß ich ihm meinerseits geantwortet, in der Art eines Gide einen Papierkrieg begonnen hätte. Ich ziehe es vor, allen Papierkram so schnell wie möglich zu verbrennen – wenn nicht gerade bei mir eingebrochen wird und ich ihn dann im Katalog eines Auktionshauses wiederfinde.

Das sind die Hintergründe eines Manifests, wie es in meinem Werk kein zweites gibt und das (zu Unrecht) als Laune des Geistes – oder vielmehr: Schwäche des Herzens – angesehen wird.

Doch genauso wie ich für Jacques Maritain nach wie vor zärtliche und respektvolle Gefühle der Freundschaft hege, genauso rücke ich von keiner Zeile meines Briefes ab. Wie sagte ich noch zu Mauriac? – »Sollte ich auch manchmal nur ein mittelmäßiger Katholik sein, so möchte ich doch – trotz Nietzsche – immer ein vollkommener Christ bleiben.«

Valberg, den 14. August 1958

PS: Die beiden bei Grasset veröffentlichten Briefe sollten das Vorwort zu einer Anthologie junger Abtrünniger der *Action française* abgeben, die ich durch Maritain kennengelernt hatte. Nur war ihnen weder von Maurras noch von Maritain, auf dessen Einfluß ihr Linienwechsel zurückging, auch nur der geringste Funken Begeisterungsfähigkeit vermittelt worden, und so blieb unser Vorhaben ohne Folgen. Trotz ungebetener Einmischungen und oberflächlicher Beurteilungen ist die Bilanz dieses Abenteuers nicht negativ. Es lehrte mich auf ewige Zeiten den Respekt vor einer Güte, die ich mit einer eher konformistischen Gefühlsregung zu verwechseln geneigt war.

PROLOG

Rom, im Jahr 1917, gegen Ostern.

Nachdem wir vierzehn Tage lang so sehr in die Arbeit an *Parade* vertieft waren, daß uns keine Zeit blieb, etwas anzuschauen, gehen Picasso und ich spazieren.

PICASSO. – Laß uns diese Kirche besichtigen. *(Die Kirche ist von Gläubigen und Kandelabern, von Musik und Gebet erfüllt. Besichtigung unmöglich.)*

ICH. – Dann besichtigen wir eben eine andere. *(Gleiche Szenerie. Wir laufen lange schweigend nebeneinander her.)*

PICASSO. – Wir leben wie die Hunde.

(Dieser Brief schließt einen Kreis, der mit *Le Coq et l'Arlequin* beginnt.)

Lieber Jacques,

Sie sind einer dieser Fische, wie sie in großen Tiefen leben. Leuchtend und blind. Ihr Element ist das Gebet. Außerhalb des Gebets finden Sie sich nicht zurecht. Unbeholfenheit, ja das ist unser gemeinsamer Nenner. In Ihrem Fall täuscht die thomistische Tracht die Welt darüber hinweg, ich meinesteils gelte aufgrund einer Fülle von Mißverständnissen als gewandt. Wir sind keine durchtriebenen Köpfe. Der Böse fände in uns Verräter.

Ich bin ein schlechter Schüler. In der Schule glänzte ich in den Fächern, die keinen Fleiß erfordern: im Zeichnen und im Sport. Sie hingegen sind ein Philosoph. Eigentlich sollte ich mich schämen. Aber wir sind Landsleute – was heißen soll: zwei Heimatlose der gleichen Sorte.

Sie müssen sich vor Augen führen, daß ich ständig darum kämpfe, mich in der Luft zu halten und im Flug zu üben. Auf diese Weise verstelle ich mich und erwecke den Anschein geistiger Beweglichkeit. Denn wenn ich nicht unmittelbar auf eine Sache stoße, bin ich schlichtweg unfähig, sie auf normalen Umwegen zu erreichen. Sie aber täuschen nichts vor, Sie scheuen keinen Umweg. Sie erheben sich, wann Sie wollen, von wo Sie wollen. Sie brauchen dazu keine Hilfsmittel und Apparaturen. Sie steigen wie ein Korken empor in die Regionen, die nach Ihnen verlangen. Ich hingegen fliege dank künstlicher Behelfe und bewege mich durch Stürze voran. Wenn ich auf Beschimpfungen zurückhaltend reagiere, ist dafür nicht Hochmut der Grund, sondern die Furcht, bei einer Kontroverse schlecht meinen Mann zu stehen (1).*

Noch bevor ich Sie kennenlernte, zitierten Sie mich in Ihren Büchern. Bei Bloy hatten sie die Bekanntschaft von Georges Auric gemacht. Er dürfte damals etwa fünfzehn Jahre alt gewesen sein. Als mir einige Jahre später sein geniales Talent klar wurde und ich ihm *Le Coq et l'Arlequin* widmete, las er Ihnen *Le Cap de Bonne-Espérance* vor und erzählte Ihnen heimlich von meiner Unternehmung. Aus einer Art Verteidigungsreflex heraus treibt Auric die

* Die Zahlen in Klammern verweisen auf die Anmerkungen am Schluß (S. 148ff.).

Diskretion auf die Spitze. Er sprach von seinen Versailler Freunden, doch ich wußte nicht, welchen. In Ihren Kreisen konnte man kaum fassen, daß mein Werk bei Ihnen Gefallen gefunden hatte. Es herrschte die Vorstellung, Ihre Wertschätzung sei einer liebenswürdigen Geste zuzuschreiben. »Cocteau, Ihr Freund«, sagte zu Ihnen einer Ihrer Vertrauten, den ich kannte, lange bevor ich Sie kennenlernte. Er konnte sich nicht vorstellen, daß Sie mich zitierten, ohne mich überhaupt zu kennen.

Eine verzerrende Schicht selbstgefälliger Vorurteile hindert den Menschen an einer klaren Sicht der Dinge. Nichts schiebt sich zwischen das Auge des Kindes und das, was es anschaut. Aber dem Kind fehlen ebenso wie dem Neger die Korrektive. Rein und scharf zugleich zu sein, das macht gerade das Wunderbare an Ihrem Blick aus.

Beim Versuch, eine Karte zu lesen, würde sich ein Kopf wie der meine in Berechnungen verheddern, und zehnmal in einer Stunde würde ich mich verirren. Mir stand nur eine Methode zur Wahl, und die habe ich ergriffen: die Offenheit. Alles erzählen, alles ausbreiten, nackt leben. Ich verließ mich auf unsere armselige Begrenztheit, um aufzuwiegen, was ein starker Mensch sich selbst an Grenzen setzt. Im übrigen gehe ich davon aus, daß das Geheimnis jenseits der Geständnisse beginnt. Heuchelei und Geheimniskrämerei, die man gewöhnlich für das Geheimnis hält, sind nur dessen schwacher Abglanz.

Aber dem ehrlichen Menschen glaubt niemand. Da er sich nie widerspricht und ihm keinerlei Anstrengung anzumerken ist, gilt er als geschickter Spieler. Diese Methode hat den Vorteil, jede Form der Strategie überflüssig zu machen. Weil jeder die Wahrheit fern der Wahrheit sucht, entsteht um den konsequent aufrichtigen Dichter eine Legende, wie keine Pose sie je erzielen könnte.

Als wir uns kennenlernten, waren die wildesten Gerüchte über mich im Umlauf.* Das schützte mich. Die öffentliche Meinung fällt über die Person her, die sie selbst erfunden hat. Anstatt uns zu verbrennen, verbrennt sie nur unser Bildnis.

Ein Seiltänzer, der in der Luft herumfuchtelt, mag dem mondänen Zuschauer komisch erscheinen. Sie aber erkannten dank Ihres Einfühlungsvermögens und Ihrer Barmherzigkeit sofort, daß jenes Verhalten ein widerwärtiger Kampf war, Auge in Auge mit dem Tod.

Nach dem Skandal im Jahr 1917 um die *Parade*-Aufführung im Châtelet-Theater fühlte ich mich durch zwei Bemerkungen sehr geschmeichelt. Die erste kam von einem Theaterdirektor, der brüllte: »Aus dem Kasperlealter sind wir heraus.« Einen anderen Mann hörten Picasso und ich zu seiner Frau sagen: »Wenn ich geahnt hätte, wie dumm das wird, hätte ich die Kinder mitgenommen.«

Ich behaupte, es war das Kind in Ihnen, das mich gesehen hat. Das Kind hat das Kind gesehen. So wie sich die Kinder am Tisch der Erwachsenen, von einem Ende zum anderen, mit den Augen verschlingen.

Ja, mein lieber Jacques, viel später dann, als ich zum ersten Mal in Ihrem Speisezimmer in Meudon zu Abend aß, fand ich den Geruch von Maisons-Laffitte wieder, des Ortes, an dem ich geboren bin, die gleichen Stühle, *die gleichen Teller,* die ich früher immer wie unter Zwang drehte, damit die blauen Muster mit dem Fuß des Glases übereinstimmten.

Unter dem Zeichen der Kindheit haben wir uns kennen-

* Trägt ein Restaurant, das gerade in Mode ist, den Namen eines meiner Mimodramen, so heißt es, daß ich Bars betreibe. Man hängt mir eine Karriere als Nachtschwärmer an; Moden, Laster, Extravaganzen aller Art werden mir nachgesagt. Sie kennen meine wirklichen Gewohnheiten.

gelernt. Ich muß mir das ständig in Erinnerung rufen, um mich Ihrer Aufnahme würdig zu schätzen; denn bei Ihnen fragt man sich, ob Ihr Körper nicht bloß eine Höflichkeitsformel ist, ein rasch über die Seele geworfenes Gewand, in dem Sie Ihre Freunde empfangen.

DIE BAUERN DES HIMMELS

Paris zehrt an meinen Kräften und bringt mich aus der Bahn. Seit dreizehn Jahren begebe ich mich nicht mehr in Gesellschaft. Ich bin ein Mann, der die Einsamkeit und urwüchsige Freuden liebt.*

In Piquey lebte ich in einer Hütte. Nach acht Tagen Barfußlaufens bekommt man Hornhaut an den Füßen und läuft über Muscheln und Glasscherben, ohne sich dabei weh zu tun. Weiße Haut wirkt einschüchternd. Sobald sie die Sonne gegerbt hat, gleicht man sich den Bäumen und den Tieren an, und man bringt es nicht mehr übers Herz, sich zu bekleiden. Ich nahm mir ein Gewehr (dies ist bei mir bloß ein Relikt alten Instinkts: ich töte nicht, ich schieße auf Pinienzapfen) und durchstreifte den Busch. Der weiche Sand verbrennt wie heiße Asche die Füße. Jenseits dreier Dünen, auf denen keine Fußspuren zu sehen sind außer den meinen vom Vortag, tost der Ozean. Plötzlich

* Ich denke an den Krieg, den Norden Frankreichs und die Somme. Im *Discours du sommeil* und zwischen den Zeilen des *Thomas* läßt sich jenes Verbrechen an Leichtfertigkeit herauslesen, das ich um ein Haar begangen hätte: die *Liebe zum Krieg*, als einem von der Vorsehung bestimmten Bruch mit den Verpflichtungen der mondänen Gesellschaft. Zu sagen, daß ich »am Krieg teilgenommen« hätte, ist ziemlich lächerlich. Es war es mir nicht einmal wert, auf einige spöttische Unrichtigkeiten einzugehen, die das *Echo de Paris* verbreitete. Mustergültig ist das Taktgefühl meines Bruders. Obwohl er mit Medaillen und Auszeichnungen überhäuft wurde, trägt er selbst das Kreuz der Ehrenlegion nur ganz selten.

hat man ihn vor Augen. Die Wellen waren auf mehrere Kilometer Entfernung zu hören. Wenn sie sich brechen und überschlagen, versprühen sie einen Perlenstaub, der links und rechts den Hintergrund umsäumt. Meine Hunde baden, ich bade. In der Sonne ausgestreckt, ohne irgend etwas, das die Epoche verriete, lasse ich mich über die Zeitalter hinwegtreiben.

Szenenwechsel: Ahusky. Ein Dorf, das eine Herberge ist. Woraus besteht ein baskisches Dorf? Aus einer Kirche, einem Pelota-Platz und einer Herberge. In der Herberge von Ahusky wurde ein alter Schuppen zur Kapelle, eine Mauer zur Pelota-Wand. Meinen Tisch mußte ich mir erst aus Brettern bauen. Es gibt keinen einzigen Baum. Nur Knochen toten Viehs liegen herum. Die Geier schwimmen in einem See aus Luft, auf dessen Grund die Täler zu erkennen sind. Die Herden drängen sich blökend an die Felsen. Bei diesen klagenden Schreien, diesen bleichen Profilen, dieser Wolle und diesen Augen denkt man unwillkürlich an das jüdische Volk. Die Hirten sprechen keinerlei Sprache, sie bellen nur. Berühmt ist die Quelle von Ahusky. Ihr Wasser hilft gegen Gallenbeschwerden. Von überallher kommen Leute mit Krügen, in denen sie das Wasser auffangen. Da es nur tropfenweise fließt, sind die Frauen gezwungen, zu warten. Ringsum werden Lager aufgeschlagen, man plaudert und man schläft hier. Aus der Quelle wird ein Wallfahrtsort.

Hier in Villefranche setze ich mich jeden Abend alleine an den Hafen. Gewohnheit hat etwas Wohltuendes. Ein Stern entflammt von rechts, ein anderer bald darauf über Saint-Jean. Die Reihenfolge, in der die Sterne erleuchten, kenne ich genau. Zwischen dem ersten und dem zweiten geht ein Mann mit einer Ziege an der Leine vorüber. Die Boote stoßen aneinander, und der Leuchtturm schwenkt sein Sprachrohr über das Meer.* Die Fischer sprechen zu mir und sehen dabei nicht den Tod, der mich umschließt. So kann ich mich der Illusion hingeben, ich lebte.

Derartige Dinge sind eine Wohltat für meinen Geist, den das Gescheittun wie ein Sonntagsputz beengt. In Paris erwecke ich den Anschein, als wüßte ich Bescheid; diese Rolle erdrückt mich. Es ist mir ein Greuel, mich in die Öffentlichkeit zu begeben.

Allein der Umstand, daß es töricht wäre, in der Stadt ein ländliches Nervenkostüm beibehalten zu wollen, brachte mich einer gewissen Form von Luxus und Spektakel näher. Doch lange halte ich es nicht aus mit dieser Nervenkranken. Sie erstickt die Regungen des Herzens. Max Jacob bringt das gleiche zum Ausdruck, wenn er einen jungen Dichter zu mir schickt und mir aufträgt: »Mach' aus ihm einen Bauern, wie wir es sind.« Seine Bauern sind die Heimatlosen, von denen ich vorhin zu Ihnen sprach. Je mehr ich darüber nachdenke, desto klarer wird mir, daß das Land, das sie bebauen, eigentlich der Himmel ist. Ganz recht, Bauerntölpel des Himmels sind wir. Die Poesie ist der Dialekt unserer Heimat.

Ist Schwäche ein Fehler? Die Ihre jedenfalls gleicht von innen erleuchtetem Alabaster. Ihre Seele verwandelt Fehler in Schönheit. Sie sind eine Transparenz, eine als Körper verkleidete Seele, der Abdruck eines Antlitzes auf einem Tuch. Zugleich birgt Ihre Schwäche eine ungeheure Kraft, die Kraft eines Pflügers. Ich habe den Beweis dafür gerade erlebt, also leugnen Sie es nicht. Wie ein Dummkopf zögerte ich an der Schwelle des Himmels. Max Jacob betete um meinen Sturz, Reverdy war erbost. Und Sie stießen mich nach vorn, wie ein Mensch, der töten will. Ihnen war klar,

* 1957 sollte ich hier dann die Kapelle Saint-Pierre ausmalen. [Anm. der Ausgabe von 1960.]

daß ich nicht schwimmen konnte. Aber Sie wußten, was der Selbsterhaltungstrieb vollbringen kann, besonders wenn er stärker ist als die Lebenslust und wenn es darum geht, anstatt der Haut die Seele zu retten.

Ich werde auf dieses Attentat später zurückkommen.*

GOTT VERLANGT NACH MIR

Ich habe meine sieben besten Freunde verloren. Mit anderen Worten: siebenmal war Gott mir gnädig, ohne daß ich darauf geachtet hätte. Er lieh mir eine Freundschaft, nahm sie mir wieder, sandte mir eine andere und so weiter. Siebenmal warf er die Angel aus und zog sie wieder hinauf, ohne mich zu sich zu nehmen. Ich hatte den Köder losgelassen und war nichtsahnend wieder hinabgefallen. Sie dürfen nicht denken, daß er jungen Leuten das Leben raubte. Er hatte Engel verkleidet. Eine Krankheit oder der Krieg dienten ihnen als Vorwand, sich ihres Kostüms zu entledigen.

Sie wissen, was ich unter »Handschuhen des Himmels« verstehe. Um uns zu berühren, ohne sich zu beschmutzen, legt der Himmel mitunter Handschuhe an. Raymond Radiguet war ein solcher Handschuh des Himmels. Seine Erscheinung saß dem Himmel wie angegossen. Wenn der Himmel seine Hand zurückzieht, bedeutet das den Tod. Wer diesen Tod für einen echten Tod hält, verwechselt einen leeren Handschuh mit einer abgeschlagenen Hand.

Ich war also vorgewarnt. Ich hatte sofort erkannt, daß

* Sie hatten eine Komplizin: Ihre Frau, die zart wie ein Hauch wirkt und doch ein Soldat Christi ist.

Le ciel de mes mains vous protège
Septembre 1923

Radiguet nur geliehen war, daß ich ihn zurückgeben müßte. Aber ich wollte mich dumm stellen, ihn um jeden Preis von seiner Todesberufung abbringen.*

Erbärmliche List. Mit den Büchern, die ich ihm entlockte, glaubte ich ihm eine Last aufzuhalsen und ihn im Leben festzuhalten, doch ich half ihm nur, Ballast abzuwerfen. Mit jedem Buch sah ich ihn sich entfernen, tiefer versinken, ein Geheimnis einholen, mit dem er so offensichtlich verabredet war.

Im Sommer nahm ich ihn mit aufs Land (2). Er verwandelte sich in ein artiges Kind, er schrieb in Schulhefte. Manchmal sträubte er sich gegen sein Werk wie ein Schüler gegen Hausaufgaben in den Ferien. Man mußte mit ihm schimpfen, ihn einsperren. Zornig schrieb er dann ein Kapitel herunter. Später überarbeitete er es.

Der Winter in der Stadt war grauenhaft. Wozu nur flehte ich ihn an, änderte ich meinen Lebenswandel, versuchte ich ihm ein Beispiel zu geben? Schulden, Alkohol, schlaflose Nächte, Stapel schmutziger Wäsche und die Flucht von Hotel zu Hotel, von einem verkommenen Zimmer zum anderen – so bahnte sich seine Verwandlung an. Sie vollzog sich schließlich am 12. Dezember 1923, in der Heilanstalt der Rue Piccini.

Diesmal zog die Angel mich hoch. Auf halbem Weg ließ ich locker, aber eine Hälfte meiner selbst wurde mit fortgerissen. In diesem Zustand lernten Sie mich kennen. Meine Transparenz hatte wenig mit der Ihren gemein, doch nahm sie mir alles Plumpe, das Sie hätte entmutigen können. Mühelos fanden wir zueinander.

* Mitunter schien der Kampf nicht ohne Aussicht. Romain Rolland schrieb mir zu Radiguets *Le Bal du comte d'Orgel*: »Nachdem man mit einem Prankenschlag seine Krallen so tief ins Leben eingegraben hat, wie kann man da noch locker lassen?«

Mit diesem Unglück endete eine Zeit, in der ich zusammen mit einer Gruppe von Musikern unter der Schirmherrschaft von Erik Satie die französische Musik aus ihrem Dornröschenschlaf erweckte. Sie drohte vor lauter Zauber zu ersticken. Satie bot das Musterbild eines Heiligen der Musik. (Ihnen, Maritain, ist es zu verdanken, daß er christlich starb.) Dieser unbeschreibliche Mann schnitt sich selbst Grimassen. Er hatte Angst, in den Fehler der Meister zu verfallen: sich schön zu finden und davon ergriffen zu sein. Wir sahen, wie er den Abglanz der Formen durch die Form selbst ersetzte, und er lehrte uns, daß das Große nicht den Anschein des Großen haben kann, das Neue nicht den Anschein des Neuen, das Naive nicht den Anschein des Naiven. Er brachte uns bei, daß die wahren Künstler Amateure sind, d. h. Menschen, die – nach der vorzüglichen Definition des Wörterbuchs Larousse – »die Kunst lieben, ohne aus ihr einen Beruf zu machen«. Wie ein erfahrener Führer, der mit dem Finger deutend die Alpengipfel bezeichnet, wies er uns die Kette der Amateure, die durch das wirre Felsgeröll der Professionellen miteinander verbunden sind. Er gab uns den Schlüssel zur Deutung der Träume und das Programm zu unserer Aufgabe. Radiguet kam mir zu Hilfe. Es ging darum, einige literarische Formen ihrer Einfalt zu entkleiden: das Komische, das Anmutige, die Tragödie, den Roman, das Theater. Radiguet zählte noch die Reklame hinzu. Er sah in ihr ein neues Verfahren, Werke, die allzu rasch gefallen könnten, in eine schlechte Ausgangslage zu versetzen.

Bei unseren wöchentlichen Samstagsdiners (vier Jahre lang fanden sie statt: 1919–20–21–22) spielte Radiguet die Rolle des jungen Schachwunders. Ohne den Mund aufzutun, allein durch die Verachtung, die sein kurzsichtiger Blick, seine schlecht geschnittenen Haare, seine rissigen

Lippen zum Ausdruck brachten, schlug er uns alle. Muß ich noch erwähnen, daß die besten Spieler sich um diesen Tisch versammelten (3)?

Jede seiner Gesten war Zeichen eines vollkommenen Gelingens, wie es nur zustande kommt, wenn man auf Machtrezepte verzichtet.

Radiguet war hart; es brauchte schon einen Diamanten, um an seinem Herzen nicht abzugleiten. Genau wie Madame de La Fayette beschuldigte man ihn der Gefühlskälte. Sie müssen verzeihen, wenn ich hier so nachdrücklich bei ihm verweile, doch es schmerzt mich, daß Sie ihn nicht kennengelernt haben.

Im Jahr 1923 hielt ich am Collège de France eine Rede, *D'un ordre considéré comme une anarchie* (Von einer als Anarchie betrachteten Ordnung). Der Titel faßt bündig den Geist jenes Kometen von Gelächter, Skandalen, Reklame, wöchentlichen Diners, Getrommel, Alkohol, Tränen, Trauer, Geburt und Traum zusammen, der Paris zwischen 1918 und 1923 in Erstaunen versetzte.

ROMEO

Radiguets Tod war für mich eine Operation ohne Betäubung. Die anderen brachten mich nach Monte Carlo, wo ich dem Erfolg der *Biches* von Poulenc und der *Fâcheux* von Auric beiwohnte. Um mich abzulenken, schlug mir Graf Etienne de Beaumont vor, die Inszenierung von *Romeo und Julia* in Angriff zu nehmen. Die Textvorlage gab es seit 1916. Noch vor meiner *Antigone* versuchte ich mich hier an einem Eingriff zur Verjüngung der Meisterwerke. Er bestand darin, sie neu zusammenzufügen, sie zu straffen, die

Patina, die tote Materie zu entfernen. Ganz im Sinne der Erwiderung Strawinskys, dem man mangelnden Respekt vor Pergolesi vorgeworfen hatte (»Sie respektieren, ich liebe«), wollte ich mich mit den Meisterwerken vermählen (4).

Was für ein glanzvoller Alptraum waren doch die Aufführungen in La Cigale! Selbst während eines äußerlich ruhig wirkenden Stückes herrschte hinter den Kulissen eine Stimmung wie auf einem untergehenden Schiff. Nervös und wie von Sinnen, hastet stumm die Mannschaft aus Schauspielern, Bühnenarbeitern und Ankleidefrauen durch das Halbdunkel. Ich spielte die Rolle des Mercutio. Meine Garderobe war nur durch einen Gang von der Bühne getrennt. Die zu mir herüberdringenden Klänge des Dudelsackorchesters, das einige Stellen begleitete, erschütterten mich zutiefst. Ich weinte vor Müdigkeit. Mir fielen im Stehen die Augen zu. Meine Freunde schubsten mich auf die Bühne wie ein Tier.

Meine Garderobiere hatte die Gewohnheit zu sagen: »Vor dem Tod des Herrn Jean« oder »nach dem Tod des Herrn Jean«. Sie hatte recht, denn niemals spielte ich die Duellszene, ohne zu hoffen, daß meine Gebärden den Tod täuschen könnten und ihn dazu brächten, mich zu sich zu nehmen.

Die zwei Monate tage- und nächtelanger Arbeit, die Traurigkeit und die durcheinandergeschluckten Arzneien machten aus mir ein Insekt, dessen Chitinpanzer aus dem von Jean Hugo entworfenen Kostüm bestand. Hätte man mich wie eine Wespe entzweigeschnitten, ich hätte weitergelebt, mit meiner buntbemalten Halskrause gewackelt und mit den Beinen weitergezappelt. Denn ich bin zäh. Man muß es sein, um derartige Dinge ertragen zu können.

Ich bat um Gnade. Es war so einfach, Gott um Gnade zu

bitten. Wie jene Bewohner Nizzas, deren Fensterläden von den großen Buchstaben einer Reklamezeile eingefaßt werden, wohnte ich in Gott, und niemals war ich hinausgegangen, um mein Fenster von außen zu betrachten.

Eine bösartige Kraft zehrte immer weiter an mir. Vor mir lagen Dürre und Erinnerungen. Ich kündigte an, bis auf weiteres zu schweigen, bis ich wieder Ordnung in mein Leben gebracht hätte, und ich glaubte dabei, dem Wort »Ordnung« seine übernatürliche Bedeutung zu geben. Um es kurz zu sagen: Ich litt unter der Angst des Läufers, der seine Kräfte schlecht eingeteilt hat und dem nach der Hälfte des Rennens die Luft ausgeht.

DAS OPIUM

»Beichte und geh zur Kommunion«, hatte mir Max Jacob geraten. Ich schrieb ihm nach Saint-Benoît: »Wie kannst Du mir zur Hostie wie zu einer Aspirin-Tablette raten?« Daraufhin antwortete er mir: »Die Hostie muß wie eine Aspirin-Tablette genommen werden.«

Ich erinnere ihn an den Engel aus einem seiner Gedichte, der auf ihn böse ist, weil er sich so dumm verhält. Doch Max selbst schlüpft nun in die Rolle des Engels und zürnt mit mir. Wie ist es nur möglich, daß ich die Kur, die ich dem Geist anempfehle*, nicht wiedererkannte, als sie auf die Seele Anwendung finden sollte? In diesem Punkt war ich Wagnerianer. Das Meßbrot, der geweihte Schnee, der verwandelte Leib wurde mir angeboten. Und ausgerechnet ich, der den Orientalismus stets ablehnte, entschied mich für den fliegenden Teppich.

* Und den Ratschlag Pascals.

Mein lieber Jacques, Ihre Nachsicht ist wirklich grenzenlos. Sie gestatten einem Mann, den die Trauer und seine Kräfte überfordernde Aufgaben an den Rand der Erschöpfung gebracht haben, sich dem Schlaf hinzugeben. Seit langem schon fand ich im Schlaf eine Zuflucht. Die Aussicht auf das Erwachen ließ mich unruhig schlafen und beeinflußte meine Träume. Morgens hatte ich dann nicht mehr den Mut, das Leben anzupacken. Traum und Wirklichkeit überlagerten sich zu einem unsauberen Fleck. Wenn ich aufstand, mich ankleidete und rasierte, waren stets Besucher zugegen, von denen ich mich später irgendwohin schleppen ließ.

Ach, diese Morgenstunden! Man wird ins schmutzige Wasser geworfen und muß losschwimmen. Zeitunglesen ist in diesem Zustand etwas Unerträgliches. Dieses Zeugnis der universellen Betriebsamkeit und ihrer Schriftführer gibt einem den Rest. Meine Flucht ins Opium, sie ist das gleiche wie die *Flucht in die Krankheit* bei Freud.

Man darf das Opium nicht mit den üblichen Drogen verwechseln. Nie habe ich es in Gegenwart derer geraucht, die es kompromittieren. Die erste Opiumpfeife reichte mir ein echter Raucher, der mir ansah, wie stark ich litt.

Opium ist nichts zum Ausprobieren. Es ist unmöglich, sich einen Spaß damit zu machen; es vereinnahmt mit Haut und Haar (5). Das erste Mal ist es enttäuschend. Der Genuß stellt sich erst nach längerer Zeit ein, und die Glückseligkeit erfährt man, wenn es bereits zu spät ist, darauf zu verzichten. Es verlangte mir mehr Willensstärke ab, mich ans Opium zu gewöhnen, als wieder davon loszukommen. Der Rauch machte mich krank. Fast drei Monate lang wurde mir regelmäßig übel, ehe ich mich an das Auf und Ab, an das Schlingern des schwebenden Teppichs ge-

Tous mes amis sont morts.
mes amis où êtes vous?
Comment vient on?
Pitié!
Tendez moi une main d'ombre.
Villefranche 1924

wöhnt hatte. Ich blieb hartnäckig. Die Literatur hatte das Opium in Mißkredit gebracht, die Snobs haben es der Lächerlichkeit preisgegeben; beides wollte ich nicht gelten lassen.* Ich bedaure die Erfahrung nicht und behaupte, daß das Opium zahlreiche Seelen der Erleuchtung zuführen könnte, wenn seine Handhabung nicht solch außerordentliches Feingefühl erfordern würde. Die Schwierigkeit dabei ist, daß man erkennen muß, wo die wohltätige Wirkung endet.

(Eine seiner Tücken, die nicht auf die betäubende Wirkung zurückgeführt werden kann, besteht darin, den Tastsinn so weit zu steigern, daß man zu der Überzeugung gelangt, der berührte Gegenstand sei eins mit uns. Ein von der Hand abgefallener Finger würde den Raucher nicht mehr verwundern als eine Zigarette, die ihm entglitten ist und ein Loch in seine Kleidung brennt.)

Gibt das Opium uns Scheinargumente zu seiner Verteidigung ein oder verleiht es uns eine Klarsicht, die im Normalzustand verschwindet?

Als ich auf seine edlen Riten nicht mehr verzichten konnte, glaubte ich zu verstehen, daß die Vorurteile gegen das Opium einem romantischen Hang zum Unbequemen entspringen. Wenn ein auf den großen Sympathikus einwirkendes Mittel den seelischen Schmerz verschwinden läßt oder ihn gar in ein wohliges Gefühl verwandelt, dann bedeutet das, daß es den seelischen Schmerz überhaupt nicht gibt, oder vielmehr, daß der berühmte seelische Schmerz nur physischer Natur ist. Ich gelangte zu der Schlußfolgerung, daß es unsinnig sei, einerseits zum Zahnarzt zu ge-

* Wie die echten Maler, die keinerlei Ausrüstung mehr mit sich tragen, verwendet der echte Opiumraucher keine aufwendigen Pfeifen mehr. Er greift zu einem alten Bambusrohr und bedient sich nur der nötigsten Gerätschaften. Dem Luxustabak der Opiumsüchtigen, dem Benares, zieht er eine Droge vor, die einem zweitklassigen Tabak entspricht.

hen und andererseits die Hilfe des Opiums zurückzuweisen. »Warum sollte es schön sein zu leiden?« flüsterte die Loreley mir zu. Nur die mittelmäßigen Dichter schlagen aus dem Leiden Kapital. Die großen Dichter benötigen für ihr Schaffen innere Ruhe.

Erkennen Sie die List? Das Opium umgibt uns mit einem Schutzpolster, es trägt uns auf den Strom der Toten, es nimmt uns unsere Körperlichkeit, bis wir zu einer luftigen Wiese geworden sind. In der Nacht des Körpers funkeln unzählige Sterne, doch unser Glück existiert nur in einem Spiegel. Wir werden von Kopf bis Fuß zur Lüge. Wir verwandeln uns langsam in eine Mumie; die Fabrik schläft ein. Der Organismus verweigert den Gehorsam; Temperaturen und Unannehmlichkeiten lassen uns unberührt, man wird gefühllos.

Die neapolitanischen Maler verstehen es, ein Hotelzimmer mit optischen Täuschungen auszustaffieren. Das Opium malt geistige Täuschungen. Es pinselt sie auf die Wände des Zimmers, in dem ich rauche, und alle fallen zu meinem Vorteil aus. Zwei und zwei sind nicht mehr vier, zwei und zwei gibt zweiundzwanzig. Wir werden von einer beunruhigenden Euphorie befallen. Die Unruhe, genau sie ist der Schwachpunkt. Das Opium ist Gelassenheit. Sobald die Unruhe ins Spiel kommt, ist man verloren.

Die Chinesen rauchen wenig und verhalten sich ruhig. Sie verlangen der Droge keine außergewöhnlichen Dienste ab. Sie respektieren sie und geben ihr die Möglichkeit, ihre Ausstrahlung frei zu entfalten. Wir aber sind grobschlächtige Menschen, die aus ihr Kräfte für eine Betriebsamkeit schöpfen wollen, die sie verabscheut und in jedem Fall bestrafen wird. China raucht, um seinen Toten näherzukommen. Die Unsichtbarkeit beruht auf einer unbeweglichen, absoluten Geschwindigkeit. Das Opium ist dieser samtenen Geschwindigkeit ähnlich. Sobald die Toten ein wenig abbremsen, bildet sich eine Zone, die die Begegnung mit ihnen erlaubt. Leben und Tod bleiben so weit voneinander getrennt wie Kopf und Zahl einer Münze, doch das Opium geht durch die Münze hindurch.

Die Chinesen bedienen sich des Opiums auch für weniger edle Ziele. Sie sorgen für ungleiche Geschäftschancen, indem sie dem Europäer, den es übers Ohr zu hauen gilt, die Begrüßungspfeife anbieten.

Im übrigen wirkt das Opium ganz unterschiedlich. Es ist ein Nervenregulator. Es fügt hinzu, was fehlt. Den einen zieht es wie ein Schwimmer aus Kork nach oben, dem anderen hängt es ein Bleigewicht um. Mich versah es mit solch einem Gewicht. Dieser Taucheranzug verhinderte, daß ich abtrieb, und gab mir das Gefühl, mit der Welt in Verbindung zu stehen. Niemals ruft es Visionen hervor. Es schläfert allerhöchstens den inneren Lotsen ein. Man folgt blindlings irgendeiner Richtung. Das Denken gleitet einen Hang hinab, man erklimmt ihn erneut und findet sich ganz überrascht sehr weit vom Ausgangspunkt wieder. Manchmal gelingt es dem Denken, den Widerstand des Opiums zu überwinden, und ein banaler Gedanke wird entsponnen. Das Opium wirkt dann verzerrend wie das Wasser, in dessen Tiefe schwarze Perlentaucher mit der komplizierten Majestät chinesischer Tusche vordringen.

Diese Phänome treten auf, wenn man alleine raucht und dabei die Augen schließt. In Gesellschaft wird die Wirkung abgeschwächt. Was übrigbleibt, ist die Fähigkeit, in dem Zirkel um die Lampe eine Atmosphäre des Vertrauens zu schaffen und die verschiedensten Leute aufeinander einzustimmen (6).

Aber ich sage nochmals, wir in Europa wissen nicht, mit

dem Opium umzugehen. Wir sträuben uns gegen die Momente des Unwohlseins, die ein gesunder Mensch auf sich nehmen würde, und greifen zu immer stärkeren Dosen. Macht das Aufstehen Probleme? Dann wird eben am Morgen geraucht, und wenn das zu Hause nicht ohne weiteres möglich ist, so ißt man das Opium. Damit aber hat man sich verrechnet. Man müßte zwölf Pfeifen rauchen, um die Wirkung eines Kügelchens zu erreichen, denn beim Essen nimmt man das Morphium und den Dross zu sich.* Die Unannehmlichkeiten beginnen: Schweißausbrüche, Kältesog, häufiges Gähnen, triefende Nase, tränende Augen, Kloß im Hals, Magenverkrampfung. Ich muß zugeben, daß ich diese Symptome nur oberflächlich kennengelernt habe. Ich wollte den Selbstmord herbeiführen und nahm deshalb starke Dosen zu mir. Aber sich umzubringen gelingt nicht jedem. Der Optimismus, den das Gefängnis des Opiums einflößt, legte mir nahe, daraus einen Ausweg zu suchen. Selbstmord ist Mogelei. Wir Ungeschickten aber können nicht mogeln. Genaugenommen wurde ich aus dem Klub der Selbstmörder herausgeworfen, weil ich nicht zu mogeln verstand.

Diesem Umweg habe ich es zu verdanken, daß ich schließlich die *Thermes Urbains* in der Rue Chateaubriand aufsuchte und mich in Gefangenschaft begab. Sie waren dort mein erster Besucher, nachdem ich sechzig Tage nur in Gegenwart meiner Krankenschwester zugebracht hatte.**

* Es ist zwecklos, die *Sucht* jemandem beschreiben zu wollen, der sie nicht empfunden hat, und die anderen mögen es nicht besonders, wenn man sie an diese quirlige Unruhe in unserem animalischen Kraftstrom erinnert.

** Die *Thermes* gibt es nicht mehr. Mit dem Abbruch wurde am Tag nach meiner Abreise begonnen. Gegenüber wohnten meine Freunde, die Hugos, und von dort aus habe ich später mein Zimmer gesehen: im Querschnitt, abstrakt, davongeflogen!

Und so sieht das Tagebuch einer Entziehungskur aus: kalte Duschen, elektrische Bäder, Nerven wie mit krausem Pelz bewachsen, nicht zu bändigende Beine, die an der Decke laufen, sich bis zum Gebäude gegenüber strecken möchten.

Das Opium ähnelt der Religion in dem Maße, wie ein Taschenspieler Jesus gleicht. Es zaubert die Leiden fort. Sie lauern weiter im Verborgenen. Man ahnt, in welche Verzweiflung Adern und Seele geraten, wenn sie das ein Jahr lang auf Eis gelegte Leiden ganz frisch wiederfinden. Niemals aber brachten mich die Ärzte Capmas, Dereck und Marion-Landais dazu, das Opium zu verurteilen. Darauf bestehe ich: nicht ich habe es aufgegeben, sondern ohne Zweifel war es das Opium selbst, das meiner nicht mehr wollte.

Bei uns wird diese keusche Droge zum Verbrechen, obwohl sie eigentlich den christlichen Wesenszügen förderlich ist. Sie könnte uns auf künstliche Weise mit jener Glückseligkeit erfüllen, die den Mönch erleuchtet, und uns helfen, die Sinne zu bezwingen. Sie würde zur Präambel der wahren Erleuchtung werden: ein Bindestrich zwischen dem rohen und dem andächtigen Leben. Nimmt man von ihr Abschied, erwacht die Ungezügeltheit. Ein Faun schlüpft aus der Watte *(sic)*. Den hatte man wahrlich nicht vermißt. Die Auferstehung der Pennälermentalität ist leider das erste Anzeichen für die Rückkehr zur Norm.

Der Dämon schnüffelnder Neugier nimmt mich ins Verhör: Und was ist mit den Sinnen? Ihren verbotenen, ihren unsinnigen Spielen? Was ist mit den Regungen der Haut, der gemeinsamen Erregung und dem Todesstreben? Mit dem Laster und seinen Lasten?

Seit der Schulzeit verdrehte mir die Geburt der Venus den Kopf. Heute geht mir diese Mythologie auf die Nerven.

Mit Recht legt Radiguet uns nahe, sie nicht mit der Geburt der Liebe zu verwechseln.

Als ich die *Thermes* verließ, war ich weder stolz noch zufrieden. Aber ich spürte, daß die Pein befriedigt war. Sie mag es nicht, wenn man sich von ihr abwendet, und ich bin genau der Typ, der ihr gefällt.

DAS SCHÖNHEITSGEHEIMNIS ODER EINE SEELE IN ZEITLUPE

Sie warfen mir weder einen Rettungsring zu, noch zeigten Sie den geringsten Anflug von Bekehrungseifer, als Sie mich nach meiner Genesung in Versailles an Ihrem Freundeskreis und an Ihrem Schaffen teilhaben ließen (7). Sie hatten im Verlag Plon eine neue Reihe ins Leben gerufen, einen Treffpunkt für Schriftsteller, die zwar aus verschiedenen Richtungen kamen, sich jedoch zur gleichen Kaste zählten. Eines Abends fanden wir uns bei Ihnen zusammen, um das Vorhaben zu besprechen. Seelenwesen sind erbärmliche Organisatoren. Es war, als hätte man Kinder vor sich, die Erwachsensein spielten. Sie hatten einen eventuellen Besuch des Pater Charles angekündigt. Ich wußte nichts über ihn, außer daß er das Gewand des Pater Charles de Foucauld trägt und als Einsiedler in der Wüste Afrikas lebt. Ich wußte weiterhin, daß er bei seiner Ankunft in Marseille mit Claudel zusammengetroffen war (Claudel befand sich in Aix anläßlich der Hochzeit von Darius Milhaud), daß er etwa acht Tage in Paris verbringen würde, anschließend zwei oder drei Monate in den Vogesen, um dann wieder zu seinem Gebetsposten zurückzukehren: einer kleinen Hütte inmitten des Sandmeeres.

Der Blitz ist unberechenbar. Zuweilen nimmt er die Form einer luftigen roten Kugel an, die in ein Zimmer fährt, darin umherschweift und es wieder verläßt, ohne Schaden anzurichten.

War das Ihre Falle, Jacques? Hatten Sie auf diesen Augenblick gewartet? Ein Herz trat ein, ein rotes Herz, überragt von einem roten Kreuz mitten auf einer weißen Gestalt, die dahinschwebte, sich neigte, Worte wechselte, Hände drückte. Dieses Herz hypnotisierte mich, ließ mich das Gesicht vergessen. Es köpfte den Burnus. Es war das eigentliche Gesicht der weißen Gestalt, und Charles glich einem Märtyrer, der seinen Kopf an die Brust gedrückt hält. Auch das sonnenverbrannte Gesicht schien eine Spiegelung des Herzens zu sein, eine Fata Morgana im vollen Lichte Afrikas. Die Backenknochen zeichneten das Relief, das Kinn markierte die Spitze. Als nächstes bemerkte ich einen Blick, der kurzen Entfernungen nicht gewachsen ist, und die Hände eines Blinden, ich meine damit: Hände, die sehen.

Lassen wir das, denn ich würde Sie schockieren, und kommen wir zu dem, was wichtig ist: der Ungezwungenheit dieses Mannes. Im Vergleich mit ihm hatte ich höchstens den Charme eines Schmierenkomödianten. Er lächelte, er erzählte, tauschte mit Massis Erinnerungen aus. Ich stand da, perplex und *groggy*, wie die Boxer sagen, und schaute durch eine dicke Glasscheibe auf das weiße Etwas, das sich dort oben im Himmel bewegte.

Ich nehme an, daß es Ihrer Frau und Ihren Gästen nicht entging: Der Salon, die Bücher, die Freunde, nichts existierte mehr (8).

Das war der Augenblick, in dem Sie zustießen. Maritain.

Sie stießen mich hinterrücks mit einem Hieb Ihrer Seele, die die Kraft eines Athleten besitzt, kopfüber stießen Sie mich ins Offene. Alle sahen, daß ich den Halt verlor. Doch niemand kam mir zu Hilfe, denn alle wußten, daß es meinen Untergang bedeutet hätte, mir in diesem Augenblick zu helfen. So lernte ich den Geist jener Familie kennen, um die uns der Glaube auf der Stelle bereichert und die sicherlich keine der geringsten Gottesgnaden ist.

Nach den ersten Krämpfen, die der Sturz nach oben zur Folge hat, kommen die Dinge wieder ins Lot. Vom Himmel herabzustürzen zerrt an den Eingeweiden, in den Himmel zu stürzen packt das Herz.

Die Erde ist eine gebieterische Mutter. Sie haßt es, wenn man sich von ihr entfernt. Um jeden Preis versucht sie uns zurückzuholen. Zuweilen schreckt sie nicht davor zurück, einen Flieger mit Gewalt zu sich herabzuziehen. Der Himmel dagegen stellt uns frei, seiner Anziehung zu folgen.

Kennen Sie den Unterseefilm der Gebrüder Williamson? Das Orchester spielt eine Polka, dennoch leben die Neger, die Taucherinnen, die Taucher mit ihren Helmen, die Algen und Kraken in einer Stille, in der unsere Gesetze nicht mehr gelten. Allein das Wasser bewirkt bereits eine Verlangsamung, die den sich darin bewegenden Dingen gleichsam ein übernatürliches Gepräge verleiht. Doch die mechanische Verlangsamung beweist, daß man noch weiter gehen muß. Die Majestät der Meerestiefen war nichts als eine Andeutung. Hier nun hält unser Herzschlag inne angesichts solcher grenzenlosen Stille, solcher unübertrefflichen Anmut, solchen Inbegriffs der Langsamkeit. Stets rate ich den jungen Dichtern zu einer knappen Langsamkeit. Die Kombination von Wasser und technischen Hilfsmitteln erzeugt eine schwere Leichtigkeit, die jede Bewegung vergleichsweise ordinär und ausschweifend erscheinen läßt. Es gibt keine Hast, die nicht aufgelöst werden könnte. Man muß sie nur in dieses Entwicklungsbad tauchen, und alle Vulgarität und Lächerlichkeit schmelzen dahin, werden in eine Sprache übertragen, die mich berührt.*

Dank der Zeitlupenfilme habe ich begriffen, daß alles eine Frage der Geschwindigkeit ist. Man schaue sich nur ein Rugbyspiel an: Dreißig Rohlinge verwandeln sich in den Rauch einer Zigarre.

Nichts fesselt mich mehr als jener Engel, den die Zeitlupe aus allen Dingen herausschält gleich einer Kastanie aus ihrer Stachelhaut. Was heißt das? Da unsere Jahrhunderte im göttlichen Maßstab nur einen Augenblick dauern, filmt man uns in Zeitlupe. So würde eine kleine Verminderung der Geschwindigkeit die Seelen von ihren Fesseln befreien, der menschlichen Geschäftigkeit das Grausame nehmen. Mit einem Mal verstehe ich das Geheimnis der Schönheit, die Charles umgibt, und ich erinnere mich an diesen Satz: »Gott ist geduldig, weil er ewig ist.«

Noch immer habe ich nicht das Richtige getroffen. Es steckt ein eifernder Zug hinter der Hoffnung auf künftigen Lohn. Hier aber tritt mir das menschgewordene Gebet gegenüber. Sein Lebens- und Überlebensdurst schläft den Schlaf der Fakire. Er lebt im Maschinenraum unter der Bühne, wo ein zerstreuter Mensch hinweggezaubert wird, ehe er sich's versieht. Seine Fähigkeit aufzutauchen und zu

* Der Kinematograph ermöglicht es uns, einen »Gangwechsel« wahrzunehmen, den wir selbst nicht vollziehen können. Wenn ein Pferderennen den Mechanimus seines Ablaufs in der Pracht einer sich verändernden Wolke preisgibt, bricht das Publikum in Lachen aus. Dieses Lachen beweist, daß die Masse für eine genaue Sicht der reinsten Regungen des Herzens nichts als Spott übrig hätte.

verschwinden ist das genaue Gegenteil unserer Zerstreutheit.* Ein Priester hat mir den gleichen Schock versetzt wie ein Picasso oder ein Strawinsky. So lieferte er mir den Beweis für die Existenz Gottes, denn während Strawinsky und Picasso das Papier mit göttlichen Zeichen zu bedecken wissen, bot Charles mir als Meisterwerk einzig die Hostie. Würde mich seine Geste etwa genauso aus meiner inneren Verstrickung herausreißen, wenn er mir nichts als einen Schnipsel weißen Papiers darböte?

DIE SCHULE DER UNERWÜNSCHTEN

Eine edle Seele wirkt wie schweres Wasser und beruhigt den Hampelmann, aber ohne den Glauben wäre das nur eine künstliche Verlangsamung.

Am Anfang gab es nichts als Überraschungen. Wir kümmerten uns umeinander, wir nahmen uns gegenseitig in Beschlag, als würden wir gegnerisches Land besetzen. Gott sorgt für alles, und genau das verletzt unseren Stolz. Claudel schreibt mir folgendes: »Wie so vielen unter uns kann auch Ihnen die Zeit der Gewöhnung an den neuen Menschen ziemlich unangenehm werden.« Ich antworte ihm, daß ich mich ganz einfach dafür schäme, bei jedem Schritt auf das Gewand der Jungfrau Maria zu treten.

Ja, man kommt ins Straucheln. Die Luft ist zu rein, und sie droht den einzuschläfern, der sich nicht nach und nach von der Erde löst.

In Ihrer Kapelle, umgeben von einigen engen Freunden,

* San Juan de la Cruz lehrt diese Exerzitien mit der Präzision eines Schwimmlehrers.

empfing ich am Morgen des Herz-Jesu-Festes aus der Hand von Pater Charles das Abendmahl.

Nach der Zeremonie ging alles wie gewohnt weiter. Nichts verriet den Unterschied, bis auf einen kurzen Blick, den sie mir manchmal zuwarfen. Es war ein sondierender Blick; »den Schwarm orten« nennen das die Kabeljaufänger.

Welches Bild bot sich Ihnen da?

Ich war dermaßen allein, aufgeschmissen und hilflos, daß einer meiner Freunde, ein Jude, der mit mir fühlen wollte, die Gnade der Bekehrung erbat. (Er wurde am 29. August in Ihrer Kapelle getauft.*) Da taten Sie etwas Wunderbares. Barrès dankt Bourget dafür, daß er ihm ein Publikum verschafft hatte. Sie gaben mir etwas viel Besseres: Gefährten. Viele junge Leute baten und bitten um Ihre Hilfe, und bis zum heutigen Tag senden Sie sie einen nach dem anderen zu mir.

Vor diesem neuen Abschnitt vertrug sich ein für die Lebenslust chemisch unabdingbares Element nicht mehr mit dem Rest meiner selbst. Die seelische Appetitlosigkeit war einfach grauenhaft. Kein Vorhaben konnte meinen Gaumen reizen. Meiner Seele war alles zuwider. Die jungen Leute, mit denen ich verkehrte, spielten mit Selbstmord, Verbrechen und Verachtung der Werte. Der Schlaf war meine letzte Zuflucht; außerhalb des Schlafes lauerte der Tod. Die Hilfe kam gerade zur rechten Zeit.

Die Poesie ist eine Maschine, die Liebe produziert. Wozu sie sonst noch taugt, ist mir unbekannt. Die Bewunderung, die mir aus verschiedenen Gründen zuteil wird, berührt mich kaum. Nur, was kann ich diesen der Poesie verfallenen Herzen als Ausgleich für ihre Dienste bieten? Einige

* Und ging im Januar zu den Karmelitern.

von ihnen kommen aus dem Kreis um Maurras. »Ein ehrlicher Mensch geht in sich«, lautet sein berühmter Satz in *Anthinéa*. Und was ist mit Maurras, tut er es denn? Ich sehe, daß er sich ständig an Kanten stößt. Rundungen dagegen reizen ihn. Er umarmt eine tote Säule, die nicht mehr beißen kann. Es würde ihm recht geschehen, wenn diese Säule sich in ein junges Mädchen verwandelte und ihn zurechtwiese: »Was treiben Sie da, mein Herr? Haben Sie denn zu Hause niemanden, den Sie umarmen könnten?«

Weder griechische Säulen noch New Yorker Fabrikschlote umarmen, das ist mein Programmvorschlag. Ich würde gerne eine Schule für meinesgleichen gründen, eine Schule der Unerwünschten. Dort würde ich die Verhaltensweisen lehren, mit denen man sich alle Türen verschließt. Wie denken Sie darüber (9)?

Euch lebensgierigen jungen Menschen sei gesagt, daß es nur zwei Wege gibt, ein Spiel zu gewinnen: Herz zu spielen oder zu betrügen. Betrügen ist keine leichte Sache. Ein ertappter Betrüger hat ausgespielt. Nur die Gattung der Schufte von Format wird niemals geschnappt: die Machthaber, die Minister, die berühmten Maler, Dichter, Romanciers und Schauspieler. Ich bewundere sie. Wie könnte ich auch einen Schuft bewundern, der im Gefängnis sitzt? Sein Coup ist ihm mißglückt.

Herz zu spielen ist einfach. Man muß es nur haben, das ist alles. Ihr glaubt, daß Ihr kein Herz habt. Ihr schaut nicht richtig in Eure Karten, weil Ihr fürchtet, lächerlich zu wirken, und weil Ihr dem Spruch eines alten Gesetzbuchs gehorcht: »Jetzt kommt die Zeit der Mörder« (10). Zeigt Herz, und Ihr werdet siegen. Jetzt kommt die Zeit der Liebe.*

* Die Bosheit hat ausgedient. Sie ist abgenutzt. Die noch unverbrauchte Güte eröffnet überraschende Mittel und Wege.

Jean

NOTWENDIGKEIT DES SKANDALS

Es ist ein schwerer Fehler, den Akademismus für eine Form der Demut zu halten. Gott duldet keine Laschheit. Er verlangt Schweigen oder Wagemut. Außer der radikalen Kunst und den Orden kenne ich nichts, das vor ihm Gefallen fände. Die Levitation ist sein Liebesbeweis. Er geht nicht verschwenderisch damit um. Aber zuweilen gewährt er es einem Mönch oder einem Dichter, sich von der Erde zu erheben.

Für die Erde wäre der Himmel eine Provokation. Man muß sich nur den Lebensweg Jesu vor Augen halten, um einzusehen, daß der Himmel nie etwas amtlich Abgesegnetes sein kann. Jesus weigert sich, erfolgreich zu sein. Jeden Augenblick möchte er sterben und neu geboren werden. Unser Kreuzzug wird es sein, durch Liebe Anstoß zu erregen (11).

Nie habe ich den Skandal geplant. Ich halte ihn für unumgänglich. Den Schläfern verpasse ich eine kalte Dusche. Die letzten aufsehenerregenden Theaterskandale gab es mit *Parade* und der *Hochzeit auf dem Eiffelturm*. Mit dem Skandal des Schweigens wurden danach unsere Überlegungen quittiert, wie wir eine neue Ordnung schaffen könnten. *»Ein bißchen zu simpel für meinen Geschmack«*, sagte eine Dame, als sie aus den *Biches* von Poulenc kam.

Bereits Strawinskys *Mavra* hatte beim Publikum frostige Reaktionen hervorgerufen (12). Von Strawinsky weiß ich, daß dem mit Ehrungen überhäuften Puschkin das gleiche passiert war, als er sein Alterswerk *Mavra* veröffentlichte. Es galt als Verfehlung. Das Publikum gibt niemandem einen Vertrauensvorschuß.

Dieses von uns erzogene Publikum ist durch nichts

mehr aus der Fassung zu bringen. Nach seinem Willen müßte man mit dem Kopf nach unten laufen. Augenblicklich ist zweifellos die Ordnung anstoßerregend, doch sie ruft keines dieser Gewitter hervor, die frische Luft mit sich bringen.

Ich will, daß die Intelligenz dem Dämon entrissen und Gott zurückgegeben wird. Von Gott und dem Teufel überzeugte Chorknaben, denen das Herz auf dem rechten Fleck sitzt, Piraten mit Glauben und Gesetz, die zu allem fähig sind, möchte ich dazu antreiben, sich in das laue Halbdunkel der Heiligkeit vorzuwagen.

So hoch zu greifen erschreckt Sie vielleicht, doch Sie wissen ja, daß es bei mir keine Schmeichelei und kein Verbergen gibt: ich beichte. Das Feld staatsbürgerlicher Verantwortung habe ich immer brachliegen lassen; mein Gerechtigkeitsempfinden beruht also auf keiner Parteinahme. Instinktiv stelle ich mich stets gegen das Gesetz. Das ist der eigentliche Grund für meine Übersetzung der *Antigone*. Es wäre mir entschieden zuwider, wenn meine Liebe zur Ordnung von der Bedeutung profitieren würde, die dem Wort aus Trägheit gemeinhin verliehen wird.

Ich mische mich weder in die Politik ein, noch kümmere ich mich darum, was in den Zeitungen steht, doch es gibt ein paar aufrührerische Handlungen, die mir gefallen. Ich komme nicht umhin, diese vagen Zeugnisse als Boten einer unerwarteten Kraft zu begrüßen, die sich – wenn auch auf niederer Stufe – gegen Kreon, gegen den Gesetzesmechanismus stemmt.

Ich erinnere mich an ein in der Zeitschrift *Excelsior* veröffentlichtes Photo. Es zeigte die auf ihre Verurteilung wartenden griechischen Generäle. Zwischen ihrem Standesdünkel und der Todesstrafe lag eine Distanz, die zu überwinden sie nicht imstande waren. Sie lächelten. Die

Menschenmenge hinter ihnen wußte Bescheid; das war auf den Gesichtern abzulesen. Dieses Photo befriedigte in mir, der ich keiner Fliege etwas zuleide tun könnte, eine undefinierbare Hartherzigkeit.

Ein anderes Beispiel: Ich betrachte die russische Revolution als einziges bedeutsames Ergebnis des Krieges. Nirgendwo sonst in Europa ist die Saat aufgegangen. Ich lehne es kategorisch ab, Kritik an einem Volk zu üben, das dabei ist, in eine neue Haut zu schlüpfen.*

Das bedarf der Präzisierung. Kunst und Politik können nicht im Gleichschritt marschieren. Die Kunst eines sich revolutionierenden Landes ist die Revolution selbst.

Sie degradiert die Dichter zu Rednern, sie braucht ins Auge springende Übertreibungen, eingängige Plakate, Bilder und Flugblätter. Man darf die Poesie einer Revolution nicht mit einer Revolution der Poesie verwechseln. Eine Revolution der Poesie kann sich nur in einem Land vollziehen, das nicht von inneren Kämpfen geschüttelt wird. Frankreich ist vor nicht allzu langer Zeit heimlicher Schauplatz einer großartigen poetischen Revolution gewesen. Die Ordnung nach der Krise, genau das ist die von mir geforderte neue Ordnung. Aus diesem Grund hassen mich die Nutznießer der Unordnung und bleibe ich von denen unverstanden, für die die Ordnung der Abklatsch einer alten Ordnung zu sein hat.

Ein Kanon der Kunst und der Liebe würde den Dingen die Würze des Himmels nehmen. Glauben Sie etwa, dem Herrn läge daran, von sich reden zu machen? Er verlangt nicht, daß man treulich an seinem Abbild arbeitet. Man

* Meine Sympathie für Robespierre und Saint-Just ist bekannt. Ihr Tun nachzuahmen stünde jedoch im Widerspruch zum Grundprinzip einer Revolution.

kann ihn nicht vergöttern, ohne sich der Lächerlichkeit preiszugeben. Gelebt will er werden. Die toten Sprachen sind tot. Es gilt, ihn in alle lebenden Sprachen zu übertragen, und man muß ihm helfen, sich zu verbergen, damit er im Verborgenen das Gute tun kann, so wie der Dämon im Verborgenen das Böse tut.

Ich betrachte das Meer, den Himmel, die Sterne, all das, was Bestand hat, worin wir im Vergleich zu unserer Wenigkeit den unbegrenzten Raum erkennen. Wir bewohnen einen der Gegenstände in Gottes Heim. Die Materie dieses Dings besteht aus einem Gewimmel von Atomen, und das Wunderbare ist, daß Gott für die geringste Kleinigkeit eines jeden Atoms sorgt.

Aber wenn es so ist, daß er uns zählt, daß er unsere Haare zählt, dann zählt er auch die Silben der Gedichte. Alles gehört ihm, alles kommt von ihm. Er ist das Urbild der Kühnheit. Er hat die schlimmsten Beschimpfungen erduldet. Er verlangt weder eine religiöse noch eine katholische Kunst. Wir sind ganz einfach seine Dichter, seine Maler, seine Photographen und seine Musiker.

DIE KUNST FÜR GOTT

Ein Satz von Pater Charles übt nachhaltigen Eindruck auf mich aus: »Bleiben Sie frei!« Warum sollte ich auch meine Stimme verstellen? Seit dem *Potomak* war offenbar, daß ich mich bemühte, Ordnung in die totale Unordnung zu bringen, die Romantik zu bezwingen, das Virtuose abzutöten*,

* Deshalb lehne ich Artikel und Konferenzen ab, selbst wenn es mich Überwindung kostet und es ausländische Studenten sind, die mich dazu auffordern.

aus meiner Schwäche einen Strahl zu machen, vergleichbar jenem Wasserstrahl, mit dem die Amerikaner den Granit zerschneiden. Ich habe keinen Grund, mich über diese Suche nach einer geraden Linie zu beklagen. Sie führt mich zur Linie aller Linien, zur Melodie der Stille, zur Jungfrau Maria nämlich, und zum klassischen Mysterium, d. h. zu Gott. Man wird mir vorhalten: »Und der Mystizismus?« Sicher, in der Religion gibt es alles. Aber diese Seite an ihr ähnelt zu sehr den Teufeln, die meinen Untergang wollen.*

Seit dem Jahr 1913 hatte ich mich ganz dem Mysterium verschrieben, einem Mysterium, dem alle Ordnung abging. Der *Potomak* ist der Beweis. Damals übte ich das Träumen. Ich hatte gelesen, daß Zucker zum Träumen anregt; ich aß ganze Schachteln davon. Zweimal am Tag legte ich mich, ohne mich auszuziehen, schlafen. Ich stopfte mir Wachs in die Ohren, denn die Träume sollten in Tieferem als den Außengeräuschen verwurzelt sein. *Le Cap de Bonne-Espérance, Die große Kluft, Thomas der Schwindler* sind Gespenstergeschichten. Schon als Kind entzückte mich das Gewitter wie eine Liebkosung des Himmels. Einen Tag vorher wußte ich bereits, daß es käme. Ich wurde zum Schauplatz seiner Vorbereitungen. Der Blitz brachte mich in Ekstase. Sie legte sich mit den ersten Regentropfen.

Welche Unordnung, bevor ich das Einfachste entdeckte: Gott ist die Ordnung des Mysteriums! Wie viele Fallen ich baute! Das Mysterium war meine fixe Idee. Ich stellte mir vor, daß es darauf achtete, nie einen Fehler zu begehen. Ich lauerte auf das geringste Anzeichen einer Schwäche. Letztlich waren meine Fallen nie etwas anderes als die Ente Vaucansons und Maelzels Schachspieler.

* Die heilige Theresia von Lisieux sagt: *»Allen Ekstasen ziehe ich das Opfer vor.«* Das sind Worte, die sich ein Dichter aufs Herz tätowieren lassen sollte.

Mit Hypnose und Tischrücken hatte ich nicht viel im Sinn. Mir waren anstrengende Spekulationen lieber: einen Hinterhalt legen, Schule schwänzen, besondere Beobachtungsposten finden. Dank eines Photos, das bei mir zu Hause hinter einen Ventilator geheftet war, war mein Freund Garros dem Prinzip, durch den Propeller zu schießen, auf die Spur gekommen. Ich aber träumte von einem Propeller, der die normale Geschwindigkeit überschreitet, von einer stillstehenden Geschwindigkeit, die nicht mehr surrt, nicht mehr ventiliert, nichts mehr zerteilt, von einem monotonen Luftfluß. Das Unsichtbare wurde für mich zum Synonym dieser Geschwindigkeit. Sie erraten, was ich erwartete: daß etwas zerbricht, ein Engel erscheint.

Oftmals wiederholte ich mir: Wir sind das Mysterium des Mysteriums. Es erahnt uns nur, es sieht uns nicht. Gespenster sind unbeholfene Beweise seiner Bemühungen. Ein Wunder ist kein Schnitzer des Himmels, sondern Forschungen von wissenschaftlicher Akribie zu verdanken. Dann aber wurde mir die Tücke des Unsichtbaren wieder zur gesicherten Tatsache.

Im Kino schaute ich nicht mehr auf die Leinwand. Ich lernte, wie man aus dem Geflecht der Projektionsstrahlen liest. Es gelang mir, eine Tür, die geschlossen wird, eine Hand, die den Handschuh abstreift, eine Rauferei zu entziffern. Aber das war die Blindenschrift-Methode. In Längsrichtung bleiben die Bilder für uns tote Buchstaben. Wir sehen sie nur ausschnittweise, an irgendeinem Punkt des Strahls. Ich hoffte, ein Stück des Unsichtbaren zu entdecken, einen Ausschnitt des Mysteriums, ein Mittel, es in die Enge zu treiben und zu entlarven.

Das entspricht ungefähr dem, was man in der Provinz als »die Muse necken« bezeichnet. Ein Gesang des *Cap* endet mit: *Ich necke die Ewigkeit.* Den Engel zu necken ist unbesonnen. Mehrmals wendet er sich ab wie eine große sanfte Frau, die nicht will, daß man sie umarmt, und dann schlägt er plötzlich zu. Denn, um es in der Sprache der Kinder auszudrücken: »Gott läßt uns mit seinen Sachen spielen.« Eines der Resultate ist die Wissenschaft. Doch ungezogene Kinder können sich dabei die Finger verbrennen.

Diese Fluchtversuche schwächten meine Seele. Die Mattigkeit war meine Rettung. Ich weinte, zog mich ans Meer zurück, streckte mich in der Sonne aus und träumte von Ruhe und glücklichem Leben. Ich schuf mir ein Idealbild der Freude.

Ein Idealbild der Freude! Ob ich es auch nur eines Blikkes gewürdigt hätte, wenn ich es plastisch verwirklicht gefunden hätte? Vielleicht aus der gleichen Schwäche heraus, die uns an gewissen Farbpostkarten Gefallen finden läßt. Denn was uns wie ein Mißgeschick, ein Hang zur Dramatisierung vorkommt, fügt sich anderswo zu einem Meisterwerk. Unser ungerechtes Urteil ist auf Kurzsichtigkeit zurückzuführen. Was denkt die Leinwand, auf der Picasso gerade malt? »Er befleckt mich, er versteckt mich, er beschmutzt mich.«

Ich bin faul und lasse mich gern durch Befehle antreiben. Wem außer Gott würde ich gehorchen wollen? Nicht der Mystizimus hat mich überzeugt. Ich finde Wunder großartig, doch wie jede Art von Beweis stören sie mich eher. Was den noch unentschlossenen Verstand überzeugt, ist das Gerüst unserer Religion, ihre Ziffern, ihre Algebra der Liebe.

Gibt es etwas Einfältigeres und Unpräziseres als den Skeptizismus des 18. Jahrhunderts? Doch man begegnet ihm nicht mit Verachtung, man goutiert ihn als Geisteshaltung – die freilich mit der Wissenschaft sehr rasch den Gipfel der Vulgarität erreicht hat.* Die großen Entdeckungen, die der Mensch gemacht hat, sind von den Wellen angetriebenes Strandgut. Noch nie ist er auf ein Amerika des Übersinnlichen gestoßen. Was hat er vorzuweisen? Seine armseligen Muscheln, in denen er Gott lauscht, ohne ihn zu hören, in denen er sich selbst zu hören glaubt. Nichts anderes ist die Literatur der Schlauköpfe des 19. Jahrhunderts. Nichts anderes ist die Literatur überhaupt. Und nun?

Die Literatur ist unmöglich. Man muß von ihr wegkommen. Es ist unnütz, das Mittel dazu in der Literatur selbst zu suchen. Allein der Glaube und die Liebe ermöglichen uns, aus uns herauszutreten. Wer im Traum Zuflucht sucht, verläßt das Haus nicht; er durchwühlt den Dachboden, den Ort, an dem einst Kindheit und Poesie zusammenfanden.

Eine Kunst um der Kunst willen ist ebenso absurd wie eine Kunst für die Massen. Mein Vorschlag ist eine Kunst für Gott.

Mein lieber Jacques, stellen Sie sich vor, welche Freude eine Sprache bereiten würde, die vom Aberglauben des Maldoror und von Rimbaud befreit wäre (der mittlerweile hinderlicher als Hugo ist). Die Jugend würde aufatmen.

Was rede ich da? Ich bin noch reichlich schüchtern. Selbst diesem Brief hängt der Mief alten, heiligen Staubes an. Ich prangere hier die Kunst an, die sich Selbstzweck ist, und vergaß dabei die Hauptsache: der Mensch ist ein

* Auf die Sintflut solcher Geistesdürre setzt der Himmel zuweilen eine Arche, in die er mitsamt seinen Tieren großherzige Familien wie die Berthelots aufnimmt. Eine ungläubige Familie, die jedoch – nicht wahr, Claudel? – die Tugenden vorweisen kann, zu denen der Glaube anleitet.

Werk Gottes. Ein Werk, das schöpferisch tätig ist, das ist wirklich der Gipfel! Bis in dritte Hand entäußert sich ein Fluidum.

Warum sollte man jene Überzeugungskraft, die Gott uns verleiht und in der er selbst uns entgegentritt, nie direkt ausspielen? Ich habe das Schöne, das vor irgendeinem Zufallsereignis gleich zusammenzubrechen droht, langsam satt. Ich ahne eine Epoche voraus, in der der Geist seine ungeschickten Behelfe beiseite legen und darauf verzichten wird, durch die Vermittlung des Kunstwerks zu überzeugen. Das Schöne würde sich nach und nach in Güte verwandeln, die Meisterwerke in Taten der Herzen, das Genie in Heiligkeit. Ein gewaltiges Programm großer und kleiner Hypnosevorgänge würde das Verkehrswesen überflüssig machen und den Kommerz ausschalten. Das Buch, die Leinwand, die Ölfarbe und die Tusche würden wie die Droschkenpferde verschwinden. Der starke Mensch würde die Kapazität seines Geistes genauso präzis und unmittelbar zur Schau stellen wie ein Fakir, der ein Seil aus dem Korb hervorzaubert. Die alten Geräte würden nicht mehr ausreichen, unsere göttlichen Tricks zu photographieren. Mit himmlischen Fingern kann ich die Zukunft berühren. Eines Tages wird es nicht mehr darum gehen, die Vögel zu täuschen – auch keine kubistischen Vögel –, sondern die Vögel so abzurichten, daß sie unwirkliche Trauben fressen.

Noch im vergangenen Jahr wußte ich nicht, welche Haltung ich gegenüber meinen Feinden einnehmen sollte (Sie wissen, wen ich meine). Zu Haß und Rachsucht bin ich unfähig, und wenn man gezwungen ist, seine Feinde gegenüber Leuten zu verteidigen, deren Beistand man ablehnt und die in keiner Weise solch hohen Ansprüchen genügen, daß sie den anderen den Prozeß machen könnten, dann bedeutet das große Einsamkeit.

Ihnen aus dem Weg gehen? Wie sollte das möglich sein? Dieser Maler, dieser Dichter oder jener Photograph, irgendeine Revolte führen uns unausweichlich an denselben Ort. Überdies besteht zwischen ihnen und mir eine negative Ähnlichkeit: Sie sind zu bewußt und wollen sich hinterrücks in den Traum einschleichen, ich hingegen schlafe mit offenen Augen und versuche, mich hinterrücks in die Realität einzuschleichen.

Ein Dichter steht mit beiden Beinen im Himmel. Sie täuschen diese Fertigkeit durch Spiegeltricks vor. Das hindert mich jedoch nicht, ihre Hexereien weit über die zeitgenössische poetische Produktion zu stellen.*

Man wird mich daran erinnern, daß ich eine gewisse Ungerechtigkeit propagiere, wird mir ein Übermaß an Skrupeln vorwerfen, eine blödsinnige Eleganz, die Verwirrung stiften könnte bei den Leuten, die uns ohnehin in den gleichen Topf werfen. Wenn das Wahre das Falsche verteidigt, wie soll man sich da noch zurechtfinden? Ganz einfach: Laßt Eure Bienen ausschwärmen, und Ihr werdet sehen, wo sie sich niederlassen.

Heute hat sich in meiner Haltung eine Wandlung vollzogen. Ich bin nicht mehr auf der Suche nach ihr. Wir lieben unsere Feinde. Wie könnte ich auch Verachtung empfinden für jene haßerfüllten Feinde, die sich in ihrer Auflehnung gegen den Tod zermartern?

* Einen Maler und einen Dichter, die wissen, wie man auf dem Kopf stehend läuft, nehme ich aus.

RIEN NE VA PLUS

Mein lieber Maritain, wie schwer fällt es mir doch, mich verständlich zu machen! Die langsame Veränderung lastet auf mir. Ein Anschein von Inkohärenz steht mir besser zu Gesicht als vorsichtige Abstufungen. Bücher wie *Le Coq et l'Arlequin, Visites à Barrès*, Das Berufsgeheimnis* oder dieser Brief hier sind nichts als die Zündschnüre für ein Feuerwerk. Ich befinde mich am Fuß eines vom Dunkel der Nacht umgebenen Gerüstbaus. Mit düsterer Miene stopfen junge, unbekannte Freunde Knallkörper, die sie nicht zu zünden wagen. Mit welcher Freude ich sie jetzt zünde! Genausogut wie ich kennen Sie den Namen, der inmitten des Feuerwerks zu lesen sein wird.

Das ist die Rolle, mit der ich mich begnüge. Eigentlich bin ich es, der sich Ihren Wahlspruch zu eigen machen müßte: »Ich bin der Esel und trage den Herrn.« Ein gewandtes Wesen gilt nichts vor Gottes Augen. Daß es mir doch vergönnt sei, ihn zu lobpreisen und dabei mein Wesen zu bewahren, frei zu bleiben, wie Charles es rät, ohne Furcht, ins Fettnäpfchen zu treten!

Im Zentrum eines sich drehenden Rades ruht die Bewegung. Je weiter man sich vom Zentrum entfernt, desto mehr wird man mitgerissen. So kommt es vor, daß in Italien eine Seele von Rom unbeeindruckt bleibt, während sie sich von Assisi überzeugen läßt. Es gibt ein kleines Buch, dem dieser Glücksfall zuteil wird. *Le Coq et*

* [*Anm. d. Hrsg.:* Cocteaus Essay *Visites à Barrès* ist unter dem Obertitel *La Noce massacrée* 1921 erschienen; 1926 wird ihn Cocteau, ebenso wie das musiktheoretische Manifest *Le Coq et l'Arlequin*, in seine Aufsatzsammlung *Le Rappel à l'ordre* aufnehmen.]

l'Arlequin drehte sich weit weg vom Zentrum der Musik. Deshalb riß es viele mit. Wer nicht erkannte, daß sich dieses Werk aus lauter Dringlichkeit wie der Alarm einer Feuerwehrsirene nur zweier Tonstufen bediente und Tiefsinniges erwartete, fand es naiv. Die Techniker der Musik warfen mir vor, nicht ihre Sprache zu sprechen. Es wäre ein Leichtes für mich gewesen, sie in Erstaunen zu versetzen. Honegger oder Milhaud, Poulenc oder Auric hätten mir mit den Termini aushelfen können. Doch es hieß, schnell zu handeln, laut zu schreien. Das ist auch meine Entschuldigung für den kindlichen Brief hier.

Sofern er nur einigen jungen Katholiken Anregungen gibt, werde ich mich nicht dafür schämen, von den Theologen belächelt zu werden.

Der Platz, an dem die extreme Linke und die extreme Rechte sich berühren, bleibt noch zu erobern. Gibt es denn ein erregenderes und gewagteres Programm, als das Christentum beim Wort zu nehmen? Ich möchte hinzufügen: als unseren jüdischen Freunden die Hand zu reichen?

Barrès hatte Glück. Meine Toten jedoch liegen auf dem Friedhof von Montmartre, mein Lothringen ist eine Straße in Paris. Hoch in der Luft mußte ich nach meinem Weg suchen. Der Drahtseilakt führte mich zum Katholizismus, das heißt nach Hause. Es ist also falsch, von einer Bekehrung zu sprechen. Doch wie sollte es auch angehen, daß ich dabei niemanden schockierte? Das Akrobatenhafte wird man so schnell nicht los.

Also schweige ich lieber. Ich habe Angst, zu weit zu gehen und Sie zu kompromittieren. Doch fraglos ähneln Sie jenen hochstehenden Frauen, die nichts kompromittieren kann.

Man wird einwerfen, daß es sich um eine Laune, ein Getänzel handle. Je höher ich vordringe, desto lauter wird der Refrain. Man wird mir vorhalten, was Michal zu David sagt: »In Ihrem Alter tanzen Sie um die Bundeslade! Auf der Straße noch dazu!« Ich kann mir seine Antwort gut vorstellen: »Werte Frau, ich tanzte den Tanz, den ich als idumäischer Hirtenjunge lernte. Ich molk die Ziegen, und im Tausch gegen meine Milch lehrten mich die aus Memphis zurückkehrenden Karawanen diesen wunderschönen Tanz der Gestirne.«

Von Ihnen brauche ich diese Vorhaltungen nicht zu befürchten. Sie wissen, daß ich die philosophische Sprache absichtlich meide, daß ich schlicht Klarheit in eine Region bringen möchte, in der gewöhnlich wenig Klarheit herrscht. Ich will, daß man meine Ideen berühren, sie auf den Tisch legen kann. Es handelt sich um das Gegenteil eines prunkvollen Stils.

Es wäre mir ein Leichtes, meinen Text zu strecken, ihn nötigenfalls auf einen Sockel zu hieven. Doch welch unnötiges Gewicht würde ihm das verleihen! Wie schlecht würden meine Pollen dann fliegen!

In unserer Zeit gibt es jede Menge bebrillter Dummköpfe, die sich in den Kulissen der Kühnheit herumtreiben, die lautstark von sich reden machen und zu allem ihr Urteil abgeben. »Wozu ist dieser Brief gut?« höre ich sie schon sagen.

Macht dem Wunderbaren Platz, ihr jungen Spötter! Das hier ist ein Liebesbrief. *Le Coq et l'Arlequin* war ein Buch der Liebe. Es entstand aus einer Übermüdung meiner Ohren, so wie dieser Brief einer Übermüdung meiner Seele entspringt. Es konnte Erfolg haben oder auch nicht. Die Musik zu verwirklichen, von der darin die Rede ist, war Sache der Musiker – und sie haben sie gemacht (13). Den Herzen das Einfältige und Harmlose abzustreifen, ist Aufgabe der Dichter. Sie dabei zu unterstützen, kommt Ihnen zu, mein lieber Jacques. Ich habe gerade noch die Kraft zu rufen: »Rien ne va plus.«

J.

Villefranche im Oktober 1925

PS

I

Ich gelte als geistreich. Nur müßte man sich zunächst über die Bedeutung des Wortes einig werden. Nichts kann mich mehr aufregen als ein witziger Einfall. Gebe ich versehentlich einen zum Besten, dann beschämt mich das, als wäre mir eine Blähung entwischt. Die Pascalsche Entdeckung der Zykloide auf den Teufel zurückzuführen, das ist in meinen Augen das Musterbeispiel für einen witzigen Einfall. Madame Perrier erzählt: *»In einer dieser endlosen durchwachten Nächte, in der ihm der Zahnschmerz wieder einmal den Schlaf raubte, hatte er einen Einfall zum Satz der Zykloide. Diesem Gedanken folgten ein, zwei andere, bis ihm schließlich eine Vielzahl sich wie von alleine entspinnender Gedanken den Beweis für all diese Dinge erbrachte, über den er dann selbst ganz überrascht war* usw. . . .«

Der hastige Rhythmus gibt den Teufel zu erkennen. Aus Pascal seinen Komplizen zu machen, das ist *hinreißend*, das ist *phantastisch*, um das Vokabular der geistreichen Leute zu verwenden.

Ich kenne nur einen einzigen Menschen, bei dem der

Esprit wirklich Geist ist, den Abbé Mugnier. Der kleine Körper, in den diese große Seele so bescheiden gekleidet ist, besitzt die göttliche Gabe, überall zugleich zu sein. Täglich hilft er Armen und Reichen in allen Teilen der Stadt. Es gilt als Gesellschaftsspiel, ihn verunsichern zu wollen, ihn auf ein heikles Thema zu bringen. Es ist einfach unglaublich, wie der Himmel ihm dann eine Antwort souffliert, die den mondänen, den weltlichen Spieler schachmatt setzt.

2

Vom schlimmsten Alkoholgenuß ging Radiguet am Tag seiner Ankunft auf dem Land ohne weiteres zu Wasser und Milch über. Diesem Wechselbad verdanken wir seine Bücher.*

3

Ein Beispiel für Radiguets Verhaltensmechanismen: Er war blind wie ein Maulwurf. Da er fand, daß eine Brille zu sehr an die aus Amerika kommende Modewelle erinnern würde, entschied er sich für ein Monokel. Das Monokel verlieh ihm verzerrte, arrogante Gesichtszüge, ließ ihn lächerlich erscheinen. Er bemerkte es und blieb dabei. Für ihn war ein Monokel ein Vergrößerungsglas, mit dessen Hilfe er jene Gimpel entlarvte, in deren Augen ein Monokel Boulevardniveau hat.

* In seinem Vorwort zu den Werken Poes spricht Baudelaire von »jener Art Männern ..., immer zu Exzessen bereit und zu erstaunlicher Mäßigung fähig«.

4

Gide schrieb mir auf die *Antigone* hin: »Die Patina ist der Lohn der Meisterwerke.« Ich antwortete ihm, daß sie vor allem dazu diene, »die Schrammen zu überschminken«.

5

Wer eine Entziehungskur hinter sich hat und glaubt, hie und da eine Pfeife rauchen zu können, der gibt dem schwarzen Efeu Gelegenheit, Halt zu finden, hochzuklettern und von neuem zu wuchern, ohne daß er es bemerkt. Die List und die Winkelzüge, mit denen sich das Opium rächt, wenn man es respektlos behandelt, sind mit Worten nicht zu beschreiben.

6

Das Opiumrauchen macht den gewöhnlichen Menschen erträglich. Er wird veredelt, wie die in Zeitlupe gefilmten Boulevards.

7

Eine um Anhängerschaft bemühte Kirche wäre eine Farce. Mir gefällt der Küster von Villefranche, der mich um sechs Uhr aus der Kirche jagt, weil dann geschlossen wird. Er klappert mit den Schlüsseln, ruft quer durch die ganze Kirche hindurch nach mir und schnauzt mich an, wenn ich nicht schnell genug hinausgehe. Nicht zu vergessen, daß Max Jacob sechs Jahre lang suchte, bis er einen Priester fand, der ihm Gehör schenken wollte. Es ist wunderbar, die Kirche ihrer Sache so sicher zu sehen, so tief verwurzelt, so dialektisch in ihrem Aufbau, so wenig daran interessiert, Seelen anzulocken oder festzuhalten.

8

Ich habe richtig geraten. Jeder hatte die Falle erkannt. Massis schreibt mir: »An jenem unvergeßlichen Abend, als Pater Charles zu uns kam, spürte ich jenes göttliche Fluidum, das Ihr Herz von innen heraus sprengte, es durch Liebe überwältigte, Sie der zerstörerischen Todesatmosphäre, in der Sie sich befanden, entriß.«

9

In meiner Schule werde ich lehren:

Nicht das Ernsthafte mit dem Tod verwechseln. Dem Lehrsatz Saties folgen: Was wirklich ernsthaft ist, kann nicht den Anschein des Ernsthaften haben; also vergnügt Euch. Aber ich gebrauche hier das Verb »vergnügen« (amuser) wie Racine das Verb »ennuyer«.* Um mich zu vergnügen, reicht es nicht aus, daß ich in ein Spielcasino gehe und mein Taschengeld riskiere. Ich muß Leib und Seele auf eine Farbe setzen.

Ich werde lehren, daß es mehrere Arten von Strenge gibt. Die Jungfrau Maria ist streng. Der *Bal du comte d'Orgel* ist streng. Jazzmusik ist nicht streng. Ein Hampelmann hat nichts von der Härte eines Diamanten.**

Ich werde lehren, daß das Verlangen nach künstlerischem Wandel nichts anderes ist als die Suche nach einem kühleren Platz auf dem Kopfkissen. Legt man die Hand auf etwas Kühles, so ist es damit schnell vorbei. Nur das Neue

* [*Anm. d. Übers.:* »ennuyer«: »Verdruß bereiten, stören, ärgern«. In der Sprache des 17. Jahrhunderts, bei dem Dramatiker Jean Racine, hatte das Wort noch stärkere Bedeutung, brachte großen Kummer zum Ausdruck.]

** [*Anm. d. Hrsg.:* Die letzten beiden Sätze hat Cocteau in der Neuausgabe von 1960 fortgelassen.]

ist frisch. Das Verlangen nach einem Wandel ist ein Verlangen nach Frische. Gott ist die einzige unvergängliche Frische.

Ich werde lehren, wie man Gedichte *anfertigt* (der Ausdruck ist von La Fontaine), und daß man alles weitere Gott überlassen möge.

Ich werde lehren, daß Kunst religiös ist, und die Gefahren der religiösen Kunst aufzeigen.*

Ich werde die Kraft des Unscheinbaren aufzeigen und vermitteln, daß der Prunk verabscheuenswert ist. Er ist das Trugbild, das der Dämon uns vorhält, um im Verlauf der Jahrhunderte unser Gefühl für die konkreten Leiden Jesu und seine menschlichen Schwächen zu zerstören. Denn genauso wie ein Wasserbecken oder ein Strauch, die wir in unserer Kindheit sahen, in der Erinnerung zu einem Baum oder einem See werden, genauso verklären wir aus der Ferne das schäbige Kreuz und den Hügel von Golgotha. Solcher Ruhmesglanz stimuliert zwar den Geist, doch schadet er der Wahrheit, die zu Herzen geht. Poesie ist Genauigkeit, und ich werde den Sinn dafür schärfen, ebenso wie das Gefühl für Volumen und Materie, für die das Publikum, das sich nur durch Umrisse und bunte Bemalung geschmeichelt fühlt, unempfänglich ist.

Ich werde lehren, daß es wichtig ist, seine Meinung zu ändern, ohne Furcht sich zu widersprechen. Es gibt so viele Meinungen wie Lebensabschnitte.

Ich werde den Schülern raten, immer so zu handeln, daß ihre Taten vor Gott Gefallen finden, selbst wenn sie dem menschlichen Gericht unverständlich – mit anderen Worten: kriminell – erscheinen sollten. Sozusagen die rechtschaffene Kehrseite der Perversität.

* Den Beweis hierfür habe ich in Villefranche erbracht. [Anm. der Ausgabe von 1960.]

10

Es sei an die Affäre Loeb–Leopold erinnert. Richard Loeb (19 Jahre), von seinen Kameraden *Angel-face* genannt, und Nathan Leopold (18 Jahre), beide Angehörige der jüdischen Oberschicht von Chicago und Stolz ihrer Universität, töteten ohne ersichtlichen Grund, *gratuitement*, wie Gide sagen würde, den jungen Bobby Franks, Sohn des mit ihren Familien befreundeten Jacob Franks. Damit man ihnen niemals auf die Spur käme, bereiteten sie ihre Tat minutiös vor. Leopolds Hornbrille, die neben der Leiche gefunden wurde, war der Konstruktionsfehler, der das Meisterwerk verdarb.* Ihr Verhalten während der Urteilsfindung ist tadellos. Sie lachen, und sie widersprechen sich absichtlich, um die Richter zu verunsichern. *Engelsgesicht* und sein schwächlicher, ihn anhimmelnder Komplize, beide an Luxus gewöhnt, schreckten vor dem Gefängnis nicht zurück.

Die Wahrheit, die wahre Wahrheit, wahrer als die verborgene Wahrheit der Affäre, lautet, daß Clarence Darrow sein Plädoyer durch eine Literaturvorlesung hätte ersetzen müssen und daß die Waffe, die Loeb seinem Freund Leopold in die Hand drückte, ein Papiermesser hätte sein müssen.

Ein unerläßliches Detail: Leopold übte einen magischen Einfluß auf die Vögel aus. Er war ein Helfer der Wissenschaft. Frei lebende Vögel ließen sich auf ihm nieder und konnten gefilmt werden.

* Hornbrille oder Papiermesser? Das eine oder das andere oder auch beides. Ich bin mir nicht sicher. [Anm. der Ausgabe von 1960.]

11

Skandal und Einsamkeit, eine Art ins Auge springender Mißerfolg, das hat Format. Es ist die einzige Verhaltensweise, die zu mir paßt. Jesus tritt uns als Beispiel voran. Können Sie sich vorstellen, daß ein reicher Patriarch aus ihm wird? Er erregt immer Anstoß, er entmutigt das Glück, er gibt sich Blöße, macht sich lächerlich, schlägt sich die Türen vor der Nase zu, kreuzigt sich.

12

Strawinsky hat mir seine *Serenade* vorgespielt. Am verblüffendsten daran ist die Dialektik des Werkes. Ein Notar erläutert eine sehr komplizierte Geldangelegenheit. Bei dieser Suite ist es unmöglich, sich einfach dahintreiben zu lassen. Eine Masche zu verlieren heißt den Faden zu verlieren, nur noch aus reiner Höflichkeit weiter zuzuhören.

VOM NUTZEN DER REUE

Strawinsky las in einer Zeitung die folgende Geschichte: »Während einer in England abgehaltenen atheistischen Versammlung wurde ein Redner rundweg gotteslästerlich. Es herrschte allgemeine Betretenheit. Plötzlich beschimpfte er die Jungfrau. Da erbleichte er und brach vom Blitz getroffen zusammen.« – »Dieser Mann«, setzt Strawinsky hinzu, »muß direkt in den Himmel gekommen sein, denn er ist vor Scham gestorben.«

12a

Wie man sich verhält, läßt nicht immer darauf schließen, wen man verehrt. 1916 war ich zu meinem größten Bedauern gezwungen, eine scheinbare Kritik an Debussy zu üben. Im Grunde kritisierte ich den Debussyismus. Was die impressionistischen Musiker daraus machten, können Sie sich sicher denken. Sie gingen so geschickt vor, daß Debussy in seinem letzten Lebensjahr sehr darunter zu leiden hatte. Die Freundschaft, die Louis Laloy augenblicklich unserer Gruppe und mir entgegenbringt, ist der Beweis, daß meine Haltung sich ändert, sobald nur ein reiner Blick sich die Mühe macht, sich aufmerksam, von nahem damit auseinanderzusetzen.

Im übrigen halte ich Laloy entgegen dem äußeren Anschein für einen religiösen Geist, für eines dieser denkenden Herzen, die der Himmel liebt.

13

Gegen Überraschungen ist man nicht gefeit. 1916 war Satie unser Meister. Von 1923 an hörten wir Strawinsky unsere Sprache besser sprechen als wir selbst. Ab da fiel er in Ungnade, und das zeigt, wie sehr unsere Sprache mißachtet wird.

DIE KRITIKER: Herr Strawinsky entdeckt die Klassiker.

STRAWINSKY: Ganz recht. Sie waren mir bekannt; sie waren mir bekannt, wie Ihnen auch. Ich hatte sie noch nicht entdeckt.

BARBETTE

Aus dem Französischen übersetzt
von Reinhard Schmidt

Seit zwei Jahren weigere ich mich nun schon, ein paar Zeilen über die Nummer *Barbette* zu schreiben. Ich habe meine Stunden im Varieté-Theater nur allzu reichlich absolviert; ich komme mir dort vor wie in der Sorbonne. Lassen Sie mich hinzufügen, daß mir das Varieté auf die Nerven geht mit seiner arroganten Manier, unsere Experimente ins rechte Licht zu setzen, und diesem Gehabe, immer allen anderen voraus zu sein in seinem Rolls Royce.* Aber die Nummer *Barbette* ist außergewöhnlich.

Genie ist ein Geschenk des Himmels. Uns fällt allein die Aufgabe zu, ein Instrument zu seiner Übertragung herzustellen, sehen wir uns doch bis auf weiteres darauf verwiesen, unser Fluidum über indirekte Kanäle wirken zu lassen und mittels der Kunst die Welt in schwache Hypnose zu versetzen. Das begrenzt die Rolle des Künstlers auf die einer bloßen Arbeitskraft. Das Leben und seine Schrecken besorgen alles übrige. Angesichts mancher Spezialisten schämt man sich, sein Handwerk so schlecht zu verstehen, und ich glaubte, mir die Arbeit an einem Stück *(Orpheus)* erst erlauben zu können, nachdem ich sieben Jahre lang unter dem Deckmantel von Pantomimen und Bearbeitungen Studien betrieben hatte. Ich machte meine Fingerübungen. So werden Sie begreifen, wie dankbar ich für die Nummer *Barbette* bin, für solch eine außerordentliche Lektion in Sachen Theaterhandwerk.

* [*Anm. d. Hrsg.:* Als Cocteau 1947 den Essay wiederveröffentlicht, verzichtet er auf das Bild mit dem Rolls Royce und läßt den Satz nach »... voraus zu sein« enden.]

Mit diesem Absatz dürfte eine Begeisterung erklärt sein, die die Kunstfreunde und die geistreichen Köpfe von Paris wohl einer Laune zuschrieben; damit verwechseln sie ja stets unsere halsbrecherischen Unternehmungen.

Vander Clyde, alias Barbette, ist ein junger Amerikaner von 24 Jahren; er sieht ein wenig bucklig aus wie die Vögel und bewegt sich, als wäre er leicht körperbehindert (vermutlich wegen seiner sehr kleinen Hände und Füße). Von einem Sturz vom Trapez ist ihm die Narbe geblieben, die über einem unregelmäßigen Gebiß seine Oberlippe hochschürzt. Allein der erstaunliche Bogen der Augenbrauen, der unmenschliche Augen überspannt, zieht die Aufmerksamkeit auf diesen Mann, der ebenso anonym wirkt, wie Nijinsky abseits der Bühne es war.

Teilen wir gegen sechs Uhr das belegte Brötchen und das hartgekochte Ei mit unserem Akrobaten, und begleiten wir ihn in seine Garderobe, wo er um acht Uhr eintrifft (um elf hat er seinen Auftritt), mit einer Gewissenhaftigkeit, wie sie den Schauspielern hierzulande unbekannt ist, aber die annamitischen Mimen und die kambodschanischen Tänzerinnen auszeichnet, die man jeden Abend in ihr goldenes Kostüm näht.

Barbette entkleidet die griechische Sage von den jungen Männern, die sich in Blumen und Bäume verwandeln, ihres einfältigen Wesens. Er läßt alle wohlfeile Zauberei beiseite.

Gleich werden wir in voller Beleuchtung und in Zeitlupe den verschiedenen Phasen einer Verwandlung folgen; Man Ray hat für mich davon einige bezeichnende Zwischenstufen festgehalten, darunter den Augenblick, wenn Barbette, mit seinem Frauenkopf, dem sein nackter Oberkörper

widerspricht, und in seinem eng sitzenden ledernen Akrobatenhöschen, so sehr den Apollos der Bandagisten ähnelt.

Jetzt hatte die Garderobe für mich nichts Einschüchterndes an sich. Ich rauchte, plauderte bei einem Sportkameraden, der sich wäscht, sich mit beiden Händen Fett ins Gesicht schmiert. Showgirls kommen herein, stoßen einen kleinen Schrei aus und verschwinden wieder, bis Barbette einen Bademantel überwirft, an die Tür geht, mit ihnen einige Worte wechselt. Selbst nachdem er all seine Schminke, so wertvoll wie eine nagelneue Schachtel Pastellfarben, aufgelegt hat, wenn nun ein schimmernder Emailfilm seine Kinnladen überzieht und sein Körper mit unwirklichem Gips abgerieben scheint, bleibt dieser seltsame junge Teufel, dieses Traumbild eines Saint-Just, dieser Kutscher des Todes noch ein Mann; nicht mehr als ein Haar verbindet ihn mit seinem Double. Erst wenn er seine blonde Perücke aufsetzt, die ein einfacher Gummi um die Ohren festhält, nimmt er ein paar Haarnadeln in den Mund, nimmt die kleinsten Posen einer Frau vor ihrem Frisiertisch ein. Er steht auf, geht umher, steckt sich seine Ringe an. Die Verwandlung ist vollzogen. Jeckyll ist Hyde. Ja, Hyde! Denn ich habe Angst. Ich blicke zur Seite. Ich drücke meine Zigarette aus. Ich setze meinen Hut ab. Nun bin ich es, der eingeschüchtert ist. Die Tür geht auf. Die Showgirls haben alle Verlegenheit verloren; sie gehen aus und ein, als wären sie in ihren eigenen Garderoben, sie setzen sich, pudern sich, unterhalten sich über die neueste Mode.

Die Garderobiere zieht ihm das Kleid über, kräuselt die Federn, hakt das Oberteil zu (ein Büstenhalter aus Tüll, der nicht einmal das Fehlen der Brüste verbirgt), und das Gefolge von Garderobiere, Besuchern und Showgirls bewegt sich zur Treppe, wo sich Barbette, wieder zu einem verkleideten Jungen geworden, einen Scherz macht und in seine Röcke gehüllt rittlings das Geländer hinabrutschen möchte.

Ein Mann bleibt er auch auf der Bühne, wenn er nach seinen Gerätschaften sieht, seine Beinmuskeln aufwärmt, im Licht der Scheinwerfer das Gesicht verzieht, sich an die Seile hängt und die Leitern emporklettert. Sobald die Sicherheitsfragen geklärt sind, kommt wieder die Frau zum Vorschein. Eine Frau von Welt, die vor dem Ball einen letzten Blick auf ihren Salon wirft, die Kissen zurechtklopft, die Vasen und Lampen anordnet.

Das Orchester beginnt mit dem Vorspiel. Nehmen wir Platz und sehen wir Barbette wie ganz gewöhnliche Zuschauer zu.

Der Vorhang gibt den Blick auf eine dem Zweck entsprechend ausgestattete Bühne frei: ein Drahtseil zwischen zwei Stützen, Trapez und Ringe, die vom Bühnenrahmen herabhängen. Im Hintergrund ein mit einem weißen Bärenfell bedeckter Diwan, auf dem sich Barbette zwischen dem Drahtseilakt und der Trapeznummer seines störenden Kleids entledigen und eine kleine schlüpfrige Szene spielen wird, ein wahres Meisterwerk der Pantomime: All die Frauen, die er genau beobachtet hat, faßt er darin parodierend zusammen und wird selbst zum Musterbild einer Frau, demgegenüber die hübschesten Mädchen, die vor und nach ihm auf dem Programm stehen, verblassen. Denn vergessen Sie nicht, wir befinden uns in jenem magischen Licht des Theaters, in jener Welt der Falltüren und doppelten Böden, wo das Wahre seine Geltung verliert, wo das Natürliche keinerlei Wert mehr besitzt, wo sich kleine Gestalten in die Länge ziehen und die Hochgewachsenen schrumpfen, wo allein Kartentricks und Taschenspielerkunststücke, von deren Schwierigkeit das Publikum keine Vorstellung hat, zu bestehen vermögen. Hier wird Barbette *die Frau* sein, wie Guitry *der russische General* war. Dank ihm werde ich verstehen, daß die großen Länder und die großen Kulturen nicht bloß aus Rücksicht auf Anstand und Sitte die Frauenrollen Männern anvertrauten. Er läßt uns an François Fratellini denken, der mir erklärte, als ich mich bei der Arbeit an der Rolle des »Bookmaker« in *Le Boeuf sur le toit** vergebens mit einem englischen Clown abmühte, daß ein Engländer keinen Engländer spielen könne; und auch an das Wort von Réjane: »Wenn ich beispielsweise eine Mutter spiele, muß ich Jacques** vergessen. Manchmal muß ich mir vorstellen, daß ich ein Mann bin, um auf der Bühne Eindruck zu machen.« Welch innerer Abstand, welch ungeheure Anstrengung und was für ein großartiger Anschauungsunterricht im Bühnenfach! Indem ich ihnen zuhörte, sah, wie Nijinsky oder die Pawlowa nach einem Tanz gleich halb totgeschlagenen Boxern röchelten, indem ich jene Atmosphäre eines hilflos treibenden Schiffs kennenlernte, die hinter den Kulissen herrscht, während ein reizendes Ballett über die Bretter geht, taten sich mir die Geheimnisse der Bühne auf.

Wenn Barbette erscheint, streut er sogleich Sand in die Augen. Mit einem Mal und mit solcher Wucht streut er ihn aus, daß er sich dann erlauben kann, nur noch an seine Arbeit als Seiltänzer zu denken. Von nun an wird ihm seine männliche Gestik von Diensten sein, anstatt ihn zu verraten. Wie eine dieser Amazonen wird er aussehen, die uns auf den Reklameseiten der amerikanischen Magazine blenden. Während der Szene auf dem Diwan schleudert er

* [*Anm. d. Hrsg.:* Mimodram von Jean Cocteau, 1920 uraufgeführt.]
** [*Anm. d. Hrsg.:* So hieß der Sohn der Schauspielerin Réjane.]

erneut eine Handvoll Sand in den Saal, denn anschließend braucht er völlige Freiheit in seinen Bewegungen, um zwischen Bühne und Zuschauerraum zu schaukeln, nur mit einem Fuß noch sich einzuhängen, einen Sturz vorzutäuschen, sein Gesicht – das Gesicht eines verrückten Engels – verkehrtherum zu zeigen und den beiden Schatten nachzueilen, die wachsen, wenn ihn sein Trapez entführt.

Zu Beginn seines Auftritts und dort oben, über allen Köpfen, und wenn er dann auf den Boden zurückfällt, selbst wenn er tänzelnd umherspringt, wirkt er im Grunde nicht eben weiblich. (Überflüssig zu sagen, daß Barbette im persönlichen Umgang keineswegs einen verweiblichten Eindruck macht, was seiner Nummer auch den Boden entzöge.)*

Es kommen einem jene florentinischen Maler in den Sinn, die für ihre Frauenköpfe junge Männer Modell sitzen ließen, und man denkt daran, wie Proust, mit einer Hinterlist und einem Ungeschick, die seinen Figuren eine geheimnisvolle Ausstrahlung verleihen, die Geschlechter durcheinanderbringt.

Der Grund für Barbettes Erfolg liegt darin, daß er sich an den Instinkt mehrerer Arten von Publikum zugleich richtet und in dunkler Weise gegensätzliche Stimmen auf sich vereinigt. Denn er gefällt denen, die in ihm die Frau sehen, denen, die in ihm den Mann erraten, als auch jenen, deren Seele sich von dem übernatürlichen Geschlecht der Schönheit ergriffen fühlt.

Barbette bewegt sich inmitten von Stille. Trotz des Orchesters, das jeden seiner Schritte, seine anmutigen Gesten und seine gefahrvollen Kunststücke begleitet, glaubt man,

* [*Anm. d. Hrsg.:* Dieser letzte Satz – auch im Original – in Klammern findet sich in der Erstveröffentlichung als Artikel von 1926, fehlt aber in der 1947 erschienenen Fassung.]

seine Nummer aus weiter Ferne zu sehen, sie scheint sich in den Straßen des Traums abzuspielen, an einem Ort, von dem her kein Laut zu dringen vermag, durch ein Fernglas oder den Schlaf uns vor Augen geführt.

Der Kinematograph hat die realistische Skulptur vom Thron gestoßen. Seine Marmorgestalten, seine großen bleichen Köpfe, die Körper im Raum mit ihrem wundervollen Spiel von Licht und Schatten, diese ganze abstrakte Menschheit, dieses menschenentrückte Schweigen ersetzen, was das Auge einst an den Statuen suchte. Barbette gehört zu diesen sich bewegenden Statuen. Sogar wenn man ihn kennt, verliert er nicht sein Geheimnis. Er bleibt ein Gipsmodell, eine Wachspuppe, die lebende Büste, die auf einem samtverkleideten Sockel bei Robert-Houdin sang.

Seine Einsamkeit ist die des Ödipus, die eines Eis von Chirico am Tag einer Sonnenfinsternis, vor dem Hintergrund einer Stadt. Im übrigen überlasse ich es den Dichtern, sich dieses hinreißende Wesen auszumalen und mit Vergleichen aufzuwarten. In mir ist es der Handwerker, der seinem Mechanismus auf die Spur kommen möchte und ihn auseinandernimmt wie Edgar Poe den schachspielenden Türken von Maelzel.

Wenn am Ende dieses unvergeßlichen Schwindels Barbette schlicht und einfach seine Perücke ablegte, was hätte das nicht für eine umwerfende Wirkung auf manche Gemüter! Er nimmt sie ja ab, werden Sie mir sagen, nachdem er fünfmal auf die Bühne herausgerufen wurde, und das verfehlt nicht seine Wirkung. Sogar Unruhe wird laut. Man sieht peinliche Berührung, rote Gesichter. Gewiß doch. Denn nachdem er seinen Erfolg als Akrobat geerntet hat und dem Publikum schier die Sinne schwanden, bleibt ihm noch, seinen Erfolg als Komödiant zu ernten. Aber sehen Sie sich dieses letzte Kunststück an: Wieder zu einem

Mann zu werden, den Film rückwärts laufen zu lassen, ist nicht genug; vielmehr muß die Wahrheit eine Übersetzung finden und eine plastische Ausdruckskraft bewahren, die sich auf gleicher Höhe wie der Schwindel zu behaupten vermag. Deshalb *mimt* Barbette, kaum hat er seine Perücke heruntergerissen, *eine Männerrolle*, betont die Bewegungen seiner Schultern, spannt seine Hände, läßt die Muskeln spielen, übertreibt den sportlichen Gang eines Golfspielers.

Und was für eine schelmische Tücke legt er an den Tag, um diese mit Gefühlswallungen, Sinnes- und Gemütstäuschungen arbeitende Zaubermaschine zu vervollkommnen: Als der Vorhang zum fünfzehnten Mal aufgeht, zwinkert die ehemalige Barbette mit einem Auge, hüpft von einem Bein aufs andere, deutet eine Geste der Entschuldigung an und führt einen kleinen Tanz wie ein Straßenjunge auf, um die Erinnerung an etwas wie ein Märchen, wie ein Schwanenbegräbnis auszulöschen, denn Barbette weiß sehr gut, daß seine Nummer solchen Eindruck hinterläßt, ohne daß er ihn beabsichtigt hätte, betrachtet er ihn doch mit der vollendeten Bescheidenheit eines Mannes, der nur seine Arbeit tut, als geschmacklichen Fehltritt.

All die Seelen, denen es an Ordnung mangelt, die krank, verzweifelt, erschöpft sind von den Kräften, die uns diesseits und jenseits des Todes bedrohen, finden Ruhe im Umriß einer Gestalt. Nach Jahren eines vagen Amerikanismus, in denen wir uns von der Hauptstadt der Vereinigten Staaten mit erhobenen Händen wie von einem Revolver hypnotisieren ließen, zeigt mir die Nummer *Barbette* endlich das wahre New York, mit den Straußenfedern seines Meeres und seiner Fabriken, seinen Mietshäusern aus Tüll, seiner Präzision, seiner Sirenenstimme und seinem glitzernden Schmuck, dem Funkensprühen der Elektrizität.

J'ai reçu la
leçon d'un jeune
acrobate américain : Vander Clyde.
Sous le pseudonyme de Barbette et travesti en femme
il exécutait au "Casino de Paris" des
exercices de trapèze.
Il se balançait sur le public, sur la
mort, sur le ridicule, sur
l'inconvenance,
le mauvais goût, sur le scandale,
sans tomber.
Cette créature ravissante tuait les petites femmes
autour. Elles s'éteignaient,
devenaient laides. C'est qu'en
jouant le rôle d'une femme
il les résumait toutes – aucune
ne pouvait tenir à côté d'un
pareil relief.
Même il bouclait la
boucle, car
après avoir jeté sa
poudre aux yeux en
une minute, il
n'évitait plus les
gestes d'homme. On
avait donc le spectacle
d'une amazone.
Calculs instinctifs. Il faut les
transposer dans notre domaine
et les faire exprès.

DAS WELTLICHE GEHEIMNIS

Aus dem Französischen übersetzt
von Friedhelm Kemp

Staub, Andenken, Photographien, Briefe, Fetische aller Art haben mich aus meinem Hause vertrieben; wahrscheinlich werde ich *nirgendwo* mehr wohnen. *Dort* möchte ich auf dem Kaminsims diese Notizen und meine Studie über Picasso niederlegen.

Ich behalte mir vor, angesichts dieser Familienporträts, denen ich Dankbarkeit und Ehrerbietung schulde, mein Dasein hinzubringen und der Freundschaft zu leben – (der Freundschaft, die stets so viel schwieriger ist als die Liebe).

☆

In Chiricos* Familie väterlicherseits zwei Verrückte, Onkel und Tante. Der Onkel schob einen Stuhl vor sich her, um nicht in einen Abgrund zu stürzen. Die Tante Olympia löste ihr Haar auf, kniete vor einem Kanapee nieder, wälzte ihren Kopf so lange hin und her, bis sie kahl war. Solche Vorfahren tragen dazu bei, aus Chiricos Werk jedes Element des Malerischen zu verbannen.

☆

* [*Anm. d. Übers.:* Der Maler Giorgio de Chirico ist seit vielen Jahren zu traditionsgebundenen Formen der Malerei zurückgekehrt. Die Werke dieser späteren Schaffensepoche haben keinerlei Bezug mehr zu den Betrachtungen, die Jean Cocteau hier über seine Bilder aus den zwanziger Jahren niedergeschrieben hat.]

Chiricos Bruder Savinio war Musiker und Dichter. Er verlegte sich auf die Malerei. Ein naiver Kunstfreund fragt sich, welcher von beiden Brüdern sich an dem andern inspiriert und wieso sie sich beeinflussen. Doch beweisen sie nur jeder ihre Originalität. Savinio beweist, daß Chirico sich von einem Familiengeist und Kindheitserinnerungen leiten läßt. Zwei Brüder, in Griechenland aufgewachsen und italienischer Abkunft; im Opernkostüm auf einem Ballstuhl sitzend, einen Rosenstrauß in der Hand, überwacht ihre Mutter sie von einer Akropolis aus.

☆

Das neue Verfahren, durch das man in England die Gemälde abbeizt, erfordert die Verwendung von Chloroform. Das Gemälde wird vor der Operation eingeschläfert.

Spezialisten in weißen Kitteln haben die Schlacht des Uccello eingeschläfert. Beim Erwachen sah sie nicht mehr wie ein eingeschlagenes Auge aus, woran das Publikum die Meisterwerke erkennt. Seitdem habe ich bei Chiricos Bildern immer die Empfindung, daß sie schlafen.

☆

Die Betäubung durch Stickoxydul, das die Zahnärzte verwenden, versetzt den Patienten nicht in einen Zustand der Gefühllosigkeit, sondern einer solchen Empfindlichkeit, daß der äußerste Schmerz unserer Welt noch zu grob, nicht zart genug für ihn wäre. In eine derartige Unempfindlichkeit versenkt der Schlaf die Werke Chiricos.

☆

Gewisse Perspektiven Chiricos schlafen nicht nur. Sie sind, unter uns, zu Tode erstarrt. Buchstäblich Opfer des wimmelnden Hauptes, der scheußlichen Locken, des opalenen Blickes der Gorgo.

☆

Der perseische Brunnen zu Mykene; warum versteinert dieses Wasser nicht? Es müßte genügen, sich darin zu spiegeln.

Nach der Niederlage einer eingenommenen Stadt irrte Perseus in einer wahren Skulpturenausstellung umher. Auf den Esplanaden begegneten ihm das Volk und die königliche Familie Chiricos.

☆

Ein Mensch, der aus dem Fenster stürzt, ist ein Mensch, der zusammenschrumpft, dann plötzlich zu schrumpfen aufhört und in der Haltung einer Puppe liegenbleibt. Ein Mensch, der sich entfernt, ist ein Mensch, der allmählich fällt und, statt zu zerschmettern, verdunstet wie eine Wolke. Jede Perspektive Chiricos ist ein Sturz.

☆

Ein Automobilunfall, eine Eisenbahnkatastrophe sind die Meisterwerke des Unerwarteten. Man möchte die Geschwindigkeit mit der Zeitlupe verlangsamen und sehen, wie die Unbeweglichkeit das Eisen mit den Fingern einer Modistin biegt.

☆

Ein Haus, photographiert oder gefilmt, gleicht sich nicht. Selbst wenn nichts sich bewegt, registriert die Filmkamera noch etwas anderes. Nichts wirkt rätselhafter als eine Photographie mitten in einem Film. Man sollte sie verwenden, um Personen im Banne der Furcht zu erfassen.*

Zwischen den anderen Gemälden sehen Chiricos Bilder wie in Statuen verwandelt aus; sie haben jene antike Ruhe eines soeben stattgefundenen Verkehrsunfalls und zeigen die von der Unbeweglichkeit überraschte Geschwindigkeit, die keine Zeit mehr fand, ihre Vorkehrungen zu treffen.

☆

Das Grauen eines Unfalls, auf den man unversehens stößt, rührt daher, daß er eine unbewegliche Geschwindigkeit ist, ein in Stille verwandelter Schrei (und nicht die Stille nach einem Schrei). Man erkennt die Toten sogleich an jener grotesken Haltung, die doch keineswegs zum Lachen reizt. Ein Bild de Chiricos hält den brutalen Übergang aus einem Zustand in den anderen fest. Die seltsame Anordnung der verschiedenartigsten Gegenstände entlockt uns kein Lachen; das ist jene Gruppe staubiger Puppen, über deren Natur, selbst wenn das Auge nichts bemerkt, die menschliche Seele sich niemals täuscht.

☆

Eines Nachts, als ich von Nizza nach Villefranche zurückkehrte, stieß ich auf einen ganz frischen Unfall. Meine Scheinwerfer beleuchteten die Trümmer, die Toten. Ich

* In dem Film *Das Blut eines Dichters* habe ich dies getan.

wollte Koffer sehen und sogar einige Personen, die ohnmächtig darauf hingestreckt lagen. Doch ich wußte, was ich vor mir hatte. Was noch vom Tier in uns steckt, erkennt den Tod.

☆

Gestern ist Isadora Duncan gestorben. Dieses Drama gehört auch in jenen Bereich, der uns hier beschäftigt. Es fordert ein allzu nahes Einverständnis zwischen einem ordinären kleinen Rennwagen und einem roten Schal, um nicht unseren Argwohn zu wecken. Dieser Schal verabscheute das Opfer. Ich habe des öfteren gesehen, wie er sich zwischen die Türen von Aufzügen, von Bars klemmte, sich in den Zweigen verhäkelte.

Ich weiß wohl, was dieser Schal beabsichtigte; er wollte Isadora erdrosseln und ihr jenen Tod der Jokaste bereiten, den die Duse ihr vorausgesagt hatte. Was aber wollte der Wagen? In letzter Stunde indes kommt die Meldung, daß ein amerikanischer Sammler diesen Wagen erworben hat.

P. S.: Nachträglich wird auch noch der Ankauf des Schals gemeldet. Vielleicht haben die beiden verbrecherischen Gegenstände Mittel und Wege gefunden, wieder zusammenzukommen.

☆

In den Kulissen der Renaissance warteten die Orthopädie, die Anatomie nur auf einen Wink de Chiricos, um die Bühne zu betreten.

☆

Das Leben eines reinen Menschen darf aus keiner Tat bestehen, die sich ohne Mühe vor den Gerichten verantworten ließe, und die Gerichte sind niemals der Mühe eines reinen Menschen wert. Ein reiner Mensch hört auf, es zu sein, sobald er sich auf Kniffe und Schliche verlegt, sobald er eine vorteilhafte Stellung annimmt und von einer Partei profitiert.

Bei dem Maler, der mich hier beschäftigt, gewahre ich kein einziges Motiv, das sich in den Augen eines Richters unschuldig ausnehmen, seinen Fall verteidigen und seinen Kopf retten könnte. Niemand war am Tatort zugegen. Der geringste Zwieback würde gegen ihn zeugen.

☆

Die Poesie ist Genauigkeit, Zahl. Die meisten Leute hingegen finden die Ungenauigkeit poetisch, romanhaft. Die Menge schwärmt für das Ungenaue, das sich den Anschein der Wahrscheinlichkeit zu geben versteht. Ich frage mich, ob die Revolverblättchen so ungenaue Berichte geben, weil sie die Tatsachen aus vierter Hand erfahren, oder ob sie die Wahrheit verfälschen, weil sie eine gründliche Kenntnis von dem Geschmack der Öffentlichkeit besitzen.

Das Publikum wittert eine Wirklichkeit hinter der scheinbaren Unwirklichkeit eines Chirico. *Da macht es nicht mit.*

☆

Picasso. Chirico. Die Futuristen. Die Expressionisten. Die jungen Leute kombinieren und raffinieren sie. Sie können sich ebensowenig von ihnen losmachen wie von Ducasse oder Rimbaud.

Isadora débute
Jean

Wie viel mehr reizt mich doch ein Christian Bérard, der nach dem Türgriff tastet, um ins Freie zu gelangen. Es gibt zuviel rechtmäßige Söhne aus einer bürgerlichen Ehe zwischen Picasso und Chirico.

☆

Le Rappel à l'ordre von einem ästhetischen Gesichtspunkt aus beurteilen heißt Handwerkszeug mit Kunstgegenständen verwechseln.

☆

Es reizt mich nicht, festzustellen, ob Chirico besser oder schlechter malt, ob er sich wiederholt oder ob er erfindet. Das hieße einen ästhetischen Standpunkt einnehmen. Chirico aber beschäftigt mich vom ethischen Standpunkt aus. Er beweist mir die Existenz einer seelischen Wahrheit; er ist nie malerisch und hat doch alle Elemente, die eine malerische Wirkung hervorrufen.

☆

Ein großer Künstler ist unmenschlich, pflanzlich, tierisch. Wenn er zu sprechen versucht, wirft er uns um. Strawinsky in *Le Sacre du printemps* ist ein Baum, der wächst. Der Strawinsky der *Geschichte vom Soldaten*, der *Serenade*, des *Oedipus Rex* ist der Baum, der zu sprechen versucht und der spricht.

Chirico spricht immer. Oft spricht er durch einen Bauchredner hindurch. Manchmal spricht er allein. Danach fällt er wieder zurück. Nichts ist ergreifender zu sehen als das Tier, das das Geheimnis der menschlichen Rede wiederzufinden sucht, das es entdeckt hatte und wieder verloren hat.

☆

Chirico legt sein orthopädisches Korsett ab und versteckt sich nicht mehr hinter dem italienischen Handwerk der Augentäuschung.

☆

Die Kühnheit entsteht neben denen, die sich für kühn halten. Der gilt für kühn, der eine alte Kühnheit fortsetzt. Zwischen 1920 und 1927 hielt sich jeder für einen Ausbund an Überlegenheit, weil der dunkle Stil in seine Rokokoperiode trat.

☆

Ein Picasso schluckte Säbel. Davon blieb ihm ein bitterer Geschmack im Mund zurück. Ein Miró lutscht Zuckerstengel, daß sie spitz werden. Die Spitze wird immer feiner; doch der Zuckerstengel wird immer kürzer.

☆

Mirós Rettung: Seine Linie lebt. Es genügt ihm, ein Kreuz zu machen, um zu kreuzigen.

☆

Miró, beeinflußt von den ersten Trickzeichenfilmen: *Felix der Kater*.

☆

Mir scheint, die Kunst spiegelt die Moral wider, und man kann sich nicht erneuern, ohne ein gefährliches Leben zu führen, das sich der Verleumdung aussetzt. Das ist das einzige, was mich von Maritain trennt. Im Grunde ist seiner Meinung nach die Kunst ein gefährliches Spiel, eine Karikatur der Schöpfung, ein halsbrecherisches Wagnis, die Moral aber ist unveränderlich, ein für allemal festgelegt.

Das stimmt, wenn er auf die lange Herrschaft des Ästhetizismus und der Grausamkeit zurückblickt, wo das Herz lächerlich schien, deren Eis jedoch schon zu schmelzen beginnt. Aber nun wird alles anders. Auf den plastischen Kodex folgt eine moralische Plastik, die dem Urteilsspruch der Vernunft nicht unterworfen ist. Die neue Kritik fordert die Verwendung des Herzens, das heißt, sie wird in Zukunft heikler sein und endlich ganz verschwinden. Es ist eines der Verdienste Chiricos, sich mitten in der plastischen Periode mehr auf die Moral als auf die Probleme des Sehens verlassen zu haben, die unausweichlich im Preziösen enden.

☆

Die Ästhetik Gottes untersteht keinem Urteil.

Zweck und Nutzen eines Verbrechens, eines Unfalls in seinem Werke. Der Mensch ist nach dem Bilde Gottes. Wenn ein Künstler, den ich bewundere, mich irremacht, gilt es einen Glaubensakt zu leisten.

☆

Warum ich den Kritikern meinen Gedichtband *Opéra* nicht zugeschickt habe? Aus Höflichkeit. Nicht aus Eigendünkel. Die Zeit, über die sie verfügen, gestattet ihnen nicht, sich mit der Lösung von Rätseln zu befassen.

☆

Klarheit des Gedichtes ist nicht Klarheit der Prosa.

☆

Kürze, Präzision, Sicherheit, Umriß – um dieser Eigenschaften willen hält man uns für hermetische Schriftsteller.

☆

Es handelt sich nicht um ein verständnisloses Betrachten und um einen unentgeltlichen Genuß dekorativer Reize. Hier wird ein hoher Preis gefordert, und zum Verständnis bedarf es eines besonderen Sinnes: des Sinnes für das Wunderbare.

☆

Die Leute verlangen, daß man ihnen die Poesie erkläre. Sie wissen nicht, daß die Poesie eine geschlossene Gesellschaft ist, wo man nur selten empfängt, wo es sogar vorkommt, daß man niemanden empfängt.

☆

Strawinsky sagte mir eines Tages, daß man Nachsicht haben müsse mit den Zuhörern; er selber hätte die Achseln

gezuckt, wenn man ihm vor einem Jahre seine jetzigen Werke vorgeführt hätte. Ich gestehe zu meiner Schande, daß ich mich, abgelenkt durch das großartige Schauspiel Picassos, über die Musik des *Mercure* von Satie getäuscht und dieses Meisterwerk für eine Kleinigkeit gehalten habe. Vielleicht hätte man Picasso mit einem anderen Musiker verheiraten oder ihn für sich allein spielen lassen und Chirico mit Satie verheiraten sollen.

☆

Singulare Künstler, plurale Künstler. Rimbaud, Einzahl. Hugo, Mehrzahl. Und zwar von Geburt. Selbst das allereinfachste Werk eines singularen Künstlers wirkt nicht auf das große Publikum. Es kommt vor, daß ein singularer Künstler nach dem Tode ein plurales Ansehen gewinnt, wegen der Geschmacksverirrungen, die einen Teil seines Werkes sichtbar werden lassen. Baudelaire: die absonderlichen Frauen, die Parfüms, der Exotismus, die Äser, die Alkoven. Ein pluraler Künstler ist fast immer ein Politiker. Der *Mercure* von Satie. Ein Beispiel des singularen Werkes ohne jede unreine Beimischung, die es ihm ermöglichte, das große Publikum zu erreichen.

☆

Victor Hugo war ein Narr, der sich für Victor Hugo hielt.

☆

Der immer frische Zauber vermischter Kulturen. Ein Buddha mit griechischem Torso und Haarputz. Die Masken aus Antinoë: römische Gesichter, die nach ägyptischer

Mode im Tode weitoffene Augen behalten, wie die Taucher im Meer. Schlaf, Tod, plötzliches Innehalten! Immer übrigens steht große Schönheit in der Schwebe zwischen Leben und Tod. Sargfiguren, Schläfer locken uns auch dann noch, wenn uns die Müdigkeit in den Museen überfällt.

Es kam vor, daß mich bei Chirico die Mischung der italienischen Perspektiven und des griechischen Mirakels noch ansprach, wenn sonst nichts mehr mich ansprach.

☆

Die Erfindungen de Chiricos wenden uns ihr Gesicht zu. Sie verfolgen uns überallhin wie jene Porträts, deren Blick geschickt in die Mitte gesetzt ist. Es sei angemerkt, daß in der Literatur Stendhal, unter anderen, seine Personen so behandelt. Das bewirkt, daß die unterschiedlichsten Leser sich in Julien Sorel wiedererkennen und sich bei jeder Zeile von *Le Rouge et le Noir* sagen: »Das bin ich.« Ein Dostojewski malt halb von der Seite, von unten, von oben.

Man bewundert das Spiel der Schatten und Perspektiven. Man fühlt sich nicht durch ein Auge belästigt. (Wenn ich ein Russe wäre, schriebe ich sicher das Gegenteil.)

☆

»Niemand ist Dichter, wenn er keine Flügel hat; wenn auch zu fürchten steht, daß Pegasus sich in die hohe Einsamkeit hinauf verliert, wo er selbst sein einziger Zuschauer wäre.« (*Reise nach Sparta.*)

Ein vorsichtiger Mann, dieser Barrès! Doch gibt es ein Mittel. Warum schwingt der Held und Ratgeber sich nicht auf das Pferd? Ach, es währt nicht lange, so hört die Einsamkeit auf, es zu sein. Sehr bald gibt es Verkehrsmittel, und die Palasthotels schießen aus dem Boden; doch damit fängt man nicht an. Chirico! Picasso! Das Pferd, das sich am wenigsten darum kümmerte, ein Schauspiel zu sein.

So bewahrt man sich eine Einsamkeit, selbst nachdem die Welt herbeigeströmt ist. Picasso bewahrt sie durch seine Fülle, Chirico durch seine Leere. Diese beiden Hindernisse verwehren dem Publikum den Zutritt.

☆

Was der Abbé Bremond für reine Poesie hält, ist nur eine sinnreichere Abart der erklärenden Poesie. Natürlich behandelt er die reinen Poeten als Schwindler und Spaßvögel. Spräche er von Malern, er hielte den Impressionismus für reine Malerei. Picasso würde ein dekorativer Maler, Chirico ein Anekdotenmaler, die Primitiven Ungläubige.

La fille de Minos et de Pasiphaé unterrichtet uns über Phädras Abkunft. Das ist einer jener Alexandriner, wie man sie häufig in den Briefen des Volkes antrifft: *La fille d'Agénor et de Léocadie.*

Als Beispiel rein musikalischer und sinnentblößter Dichtung zitiert er: *»Orléans, Beaugency, Notre-Dame de Cléry, Vendôme, Vendôme.«*

Hier ist der genaue Text des Liedes, wie es das Volk unter den Fenstern Karls VII. sang, der seine Provinzen verloren hatte:

Mes amis, que reste-t-il
A ce dauphin si gentil?
Orléans, Beaugency,
Notre-Dame de Cléry,
Vendôme!
Vendôme!

Ehe der Rundfunk aufkam, der eine Revueszene daraus macht, war der Auftritt der Radfahrerin in der *Hochzeit auf dem Eiffelturm* ein Beispiel reiner Poesie. Da sieht man, wie zerbrechlich diese poetische Reinheit ist. Ein Nichts genügt, sie zu verfälschen. Selten genug bleibt ein Werk der freien Willkür, was es ist, und wird nicht doch mit einem Sinn befrachtet. Die größten Einsamkeiten sind rasch mit einer Schicht von fettigen Papieren überstreut.

Picasso war immer leserlich, schließlich wird er auch entziffert, doch die Augen lesen etwas anderes, als was geschrieben steht. Auf Chiricos Plätzen und unter seiner schwarzen Sonne lassen unsere Dilettanten Dürers Melancholie Platz nehmen.

☆

Eines Tages malt Picasso ein junges Mädchen. »Sieh da!« sagt der Betrachter zu ihm, »ein Käfig, ein paar Äpfel, eine Büste, ein Fenster!« Ganz recht. Er hatte, ohne es zu wissen, ein Stilleben gemalt.

☆

Ein Werk, das die Eigenschaften der Frische und der Vollendung vereinigt, läuft Gefahr, zu rund zu sein und in vollem Lauf dem Loch des großen Publikums zuzurollen. So sind ein La Fontaine, ein Andersen den Kindern, ein Gaboriau den Bahnhöfen anheimgefallen. Es ist nicht leicht, einen Schriftsteller aus diesem Dunkel, mit dem ihn eine zu große Helle umgibt, zu befreien.*

* Zola, ein verkannter Dichter.

Stendhal, Gobineau gefallen der Elite, soweit ihre Meisterwerke ihnen mißlingen. Die Kugel ist nicht rund. Nach einigen Umdrehungen hält sie an und bleibt auf der Fläche eines ihrer Fehler liegen; nun können die Empfindsamen sich um sie scharen, sie betasten und mit Muße besprechen.

Die Empfindsamen genießen das Unvollkommene. Hier kommen sie auf ihre Rechnung. Alsbald organisiert man eine Stendhal-Gesellschaft. Daß ihnen jedoch die wahren Schönheiten Stendhals entgehen, läßt sich aus dem Umstand beweisen, daß gleichwertige Schönheiten sie kaltlassen. Wer ahnt wohl, daß Gaboriau ein Schriftsteller ist? Es bedurfte eines Buches, das jemand im Zug vergessen hatte, daß ich diesen glorreichen Mann entdeckte.

(Raphael ist der Typus des Malers, der dem Schöngeist eben durch seine Vollkommenheit unfaßlich bleibt. Maria Bashkirtscheff verachtet ihn.)

☆

Mitunter verleiht auch das handwerkliche Können den Werken dieses vollendete, abgerundete, dreimal verschlossene Aussehen, das den Empfindsamen den Eintritt und jegliche zudringliche Einmischung verwehrt.

Matisse, bei dem das Handwerk Genie ist, scheint ebendarum keines zu haben. Das ist der Grund, warum dieser große Maler so sehr gefällt. Der Kunstfreund bildet sich ein, er könne das Gemälde vollenden und es verlange nach seiner Mitarbeit. Vor Picasso, Chirico erstarrt das Publikum zu Eis. Als läse es auf Picassos Stilleben: *Zutritt verboten*, über Chiricos Straßen: *Einbahnstraße, keine Einfahrt!* Aber dieser Block läuft nicht Gefahr, besagten Hang hinabzuverschwinden, da unsere Meister Sorge getragen haben, ihrer Vollkommenheit nicht die Form einer Kugel zu geben.

☆

Das beste Gedicht Baudelaires ist in dem Maße altmodisch geworden, als Baudelaire mit der Avantgarde arbeitete und ihre Zustimmung fand. Das beste Gedicht Rimbauds bleibt jung, weil er gegen die Avantgarde arbeitete.

☆

Was erlaubt ist, kann nicht rein sein.

☆

Das Illegale steht mir.

☆

Es gibt lächelnde Werke von de Chirico mit Himmel, Oriflammen, Weidenflöten, Schwimmkorken. Kehrte man sie um, sähe man einen Revolver gegen die Leinwand gerichtet, und man hörte eine harte Stimme: »Lächeln Sie, oder ich schieße.«

Das ist der Grund, warum diese lächelnden Werke uns so ängstlich anschauen.

☆

Viele Gemälde Chiricos sind blind, aber keines ist taub. Man versichert uns, die Tauben seien trauriger als die Blinden. Trotzdem ist der Taube eine Lustspielfigur und der Blinde eine tragische Figur.

☆

Der inhumane Humanist.

☆

Ein Freund schläft neben uns, flach an unsere Seite gedrängt wie eine Feuerwaffe, Schloß und Abzugshahn uns zugekehrt. Eine ungeschickte Bewegung im Traum genügte…

☆

Kaum hat man die Blicke von einer Stadt de Chiricos abgekehrt, kommt Frau X… um eine Straßenecke, überquert den Fahrdamm, zieht einen Schlüssel aus der Tasche und verschwindet in ihr Haus.

☆

In einer Mondnacht ging ich auf dem rechten Bürgersteig. Man hörte meine Schritte auf dem linken Bürgersteig, und in einem Gebäude klingelte das Läutewerk eines Telephons.

☆

Chirico ist ein Dichter. Trotzdem finde ich nicht, daß er mich stört. Es scheint, daß ich gewisse Künstler aus Anlaß eines Interviews sehr geärgert habe. Dort hieß es, ich hätte mich der Bildhauerei ergeben. In Wirklichkeit handelt es sich jedoch nicht um Bildhauerei. Ich versuche vielmehr, mit dem schneeigen Messing von Pfeifenreinigern in den Raum zu zeichnen. Aber wenn ich meißeln oder schnitzen wollte, ich täte es. Mitunter wird mir die Tinte zum Ekel. Die Poesie äußert sich, wie sie kann. Ich weigere mich, ihr Grenzen zu setzen. Ich bin frei. Ich habe einen Film gedreht; in diesem Zeitalter ohne Vaterländer habe ich die Mauer der Sprache übersprungen. Ich bin kein Dichter, der es zu etwas bringen will. Ich suche weder Stellungen noch Belohnungen, noch Bewunderung. Die Bewunderung läßt mich kalt. Mein Werk fordert Liebe; ich ernte sie. Wie Antigone sagt: *Alles andere kümmert mich nicht.* Errege ich Ärger oder Verdruß, störe ich, ich kann's nicht ändern. Ich finde es abscheulich, wenn alles im Kreise tanzt. Just dazu bin ich ja da, den Ringelreihen zu hindern.

☆

Auf einem Gemälde Chiricos treffen die Gegenstände zusammen, ohne sich verabredet zu haben.

☆

Um sie zu operieren, schläfert Chirico Venus unter Chloroform ein.

☆

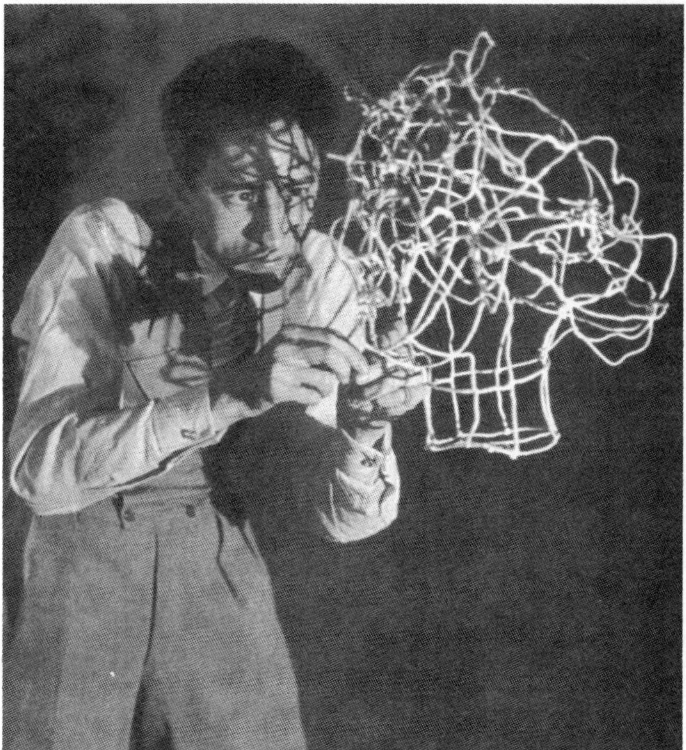

Mit einem Ruck drehte ich mich um. Ein schöner junger Mann überquerte im Freilauf auf einem Fahrrad einen leeren Platz. Er war völlig nackt und hatte einen runden Hut auf. Es war Merkur.

☆

Das Blut eines Dichters enthält keine Symbole. Die Leute symbolisieren nachträglich. Das Werk besteht aus Vorkommnissen, die sich untereinander verketten nach der Logik der weder besseren noch schlechteren, doch eben anderen Welt, in der die Dichter leben.

☆

Ein absolut zerstreuter Mensch wäre ein Mensch, der etwa sagte: »Denk dir, was mir heute morgen begegnet ist...« und dann eine Maschine beschriebe, die es noch nicht gibt.

☆

Mangels freier Plätze vor den Meisterwerken des Louvre stellt eine Dame ihre Staffelei vor einem Museumsdiener auf, der auf einer Bank schläft. Nach zwei Stunden aufmerksamer Arbeit vollendet sie eine ausgezeichnete Kopie der Mona Lisa.

☆

Ich bin wieder ins »Empire« gegangen, um Barbette zu sehen. Die Jahre nötigen ihn, sich weniger auf sein natürliches Prestige zu verlassen und seine Wirkungen sorgfältiger zu berechnen.

In meiner Studie *Eine Lehre für Schauspieler* habe ich die verhängnisvolle Seite der Nummer nicht genügend hervorgehoben.

Was es auch sein mag: dieser fahle Schimmer des Verruchten in den Museen Grévin oder Dupuytren, die in ihren Betten erwürgten Damen der Halbwelt, der wunderbare Tod der Isabella des Guerrets (*Fantômas*), der Sturz der Engel, die Gefahr, die die Akrobaten umwittert – jedenfalls hat Barbette alle Merkmale eines Verbrechens. (Er hat mir als Modell gedient, um die Rolle des Todes in meinem *Orpheus* zu schreiben.)

Vor Barbette trat ein kleiner Junge auf und ahmte einen berühmten Kaffeehaussänger nach. Ich habe diesen Sänger nie gehört, fand aber seine Nachahmung sehr treffend.

Die Poesie ahmt eine Wirklichkeit nach, von der unsere Welt nur eine Intuition besitzt.

☆

Giorgio de Chirico, eine Gestalt von Mantegna. Er schaut aus dem Bilde heraus, ohne die Folterszene zu beachten, inmitten von Pferdekruppen und jungen Leuten mit faltigen Zügen, die sich, um ihren Bogen zu spannen, auf Bruchstücke von Statuen stützen, die zertrümmert am Boden liegen.

☆

Man spricht immerzu von religiöser Kunst. Die Kunst *ist* religiös. Eine wahre Kreuzigung entsteht aus den Zornausbrüchen Picassos gegen die Malerei. Werke aus Nägeln, Wäschestücken, Stoffetzen, Holz, Blut und Galle.

Chirico gerät niemals in Zorn. Die Ruhe seines Werkes

ist der Gleichmut der Bogenschützen auf den Bildern der Primitiven, die einer Marterung beiwohnen und aus dem Bilde herausschauen.

☆

Die Eleganz besteht in der Vermeidung des Erstaunens. Wenn die schottischen Bauern nach Raubwild jagen und fischen, kleiden sie sich wie die Jahreszeit, sie gleichen sich dem Heidewuchs und den Nebeln an und übernehmen schließlich vollkommen das Aussehen der Landschaft. Ein Odilon Redon verscheucht die Poesie; sie macht sich davon. Ein Chirico wird ganz Poesie, nimmt von Berufs wegen die moralische Haltung ein, die ihn befähigt, das Mysterium zu täuschen, sich ihm zu nähern, es zu zähmen und ohne Anstrengung zu greifen.

☆

Man glaubt, die Verrückten, die die Museen füllen, seien Realisten. Ein Museum ist ein Leichenschauhaus. Nur wenn man dort unversehens einen Freund wiedererkennt, bietet sich eine Gelegenheit zur Rührung. Einen Freund hinter dem Leichnam. Ein schönes Gemälde ist ein Zeugnis gestorbener Schaffenskräfte. Bei diesen erschöpfenden Gewaltmärschen durch Säle und Säle, in denen es nach Verwesung riecht, findet man seine Beine erst wieder, wenn man vor den einzigartigen Werken steht.

Welch ein Irrtum, zu glauben, die Meisterwerke seien einfach! Ein Poussin, ein Claude Lorrain, ein Corot, ein Ingres sind eine wahre Erholung. Man fragt sich, welchem Wunder diese Spaßvögel es wohl verdanken, daß man sie aufbewahrt hat. Ohne Zweifel ist es eine Art falscher Ähnlichkeit mit der Wirklichkeit, die die Welt täuscht, wie Radiguet die Welt täuschte, weil sein Genie sich wie Talent ausnahm. Wenn schon Ähnlichkeit, so verlange ich, daß sie halluzinierend sei. Geht und schaut euch einmal wieder die Masken aus Antinoë im Musée Guimet an! Sie sind nicht in Mode. Das rettet sie vor dem Luxus und läßt sie im Halbdunkel leben; dort stehen sie auf ihren Sockeln aus unwirklichem, knittrigem, verblichenem rotem Plüsch, den ein weißer Staub übersilbert.

☆

Picasso täuscht den Geist. Ich möchte sagen, er erfand die rechten Trauben, um unsere Vögel zu überlisten. Chirico verwendet die Scheinperspektive, wie ein Verbrecher sein Opfer beruhigt: »Fürchten Sie nichts. Sehen Sie? hier ist ein Klingelzug, das Fenster ist kein falsches Fenster, die Türe ist offen, Sie brauchen nur zu läuten...«

Das erste, was einem im Louvre auffällt, ist die Geduld, die Gründlichkeit gewisser Werke. Vergessen wir nicht, wie geduldig die Verrückten sind, wie sorgfältig sie jede Einzelheit ausführen. Vor dem Kopf auf Monets Selbstbildnis schämt man sich. Weder Wahnsinn noch Weisheit haben mit dieser prätentiösen Schmiererei das geringste zu schaffen.

☆

Im Luxembourg, wenn man Renoir und Manet seine Aufwartung gemacht hat, kann man, Mittelmäßigkeit um Mittelmäßigkeit, nur noch die sorgfältig ausgeführten Gemälde ohne Überdruß betrachten; zum Beispiel *Professor X... bei einer Operation, umgeben von seinen Schülern.* Die

Gemälde der Maler, die über diese sauber ausgeführten Gemälde lachten, sind lächerlich geworden.

Chirico: ein sorgfältiger Maler. Er entlehnt dem Traum jene Genauigkeit des Ungenauen, diese Verwendung des Wahren, um für das Falsche zu plädieren. Er überträgt sorgfältig die Wirklichkeit seines Geistes auf seine Leinwand, wie die Primitiven die Mirakel kopierten. Da er nicht beauftragt ist, seinen Glauben zu übermitteln, übermittelt er seine Gutgläubigkeit.

☆

Unsere Epoche wird eines Tages das Zeitalter des Mysteriums heißen. Man malt Geheimnisse, wie man den Zirkus malte. Chirico ist ein Maler des Mysteriums. Picasso ist ein geheimnisvoller Maler. Sein Mysterium kommt daher, daß er ein großer Maler ist und daß jede Größe geheimnisvoll ist. Mysterium der Eleganz: *Adolphe, La Princesse de Clèves,* La Fontaines *Fabeln, Le Bal du comte d'Orgel* sind ebenso geheimnisvoll wie *Der Idiot, Une Saison en enfer, Les Chants de Maldoror.**

Sehr viel mehr noch als die Dunkelheit macht die Eleganz ein Werk unsichtbar. Picasso ist die Eleganz selbst. Das sichert ihm die Unsichtbarkeit. Zum ersten Male stellte der Künstler den Geist vor den Gegenstand, statt eines Spiegels oder gar eines Zerrspiegels. Picassos Werk ist verkleidet, maskiert, also geheimnisvoll. Es beunruhigt. Chirico aber ist ein Maler des Geheimnisvollen. Statt die Wunder abzukonterfeien, wodurch uns die Primi-

* [*Anm. d. Hrsg.: Adolphe*: Roman von Benjamin Constant; *La Princesse de Clèves*: Roman von Marie-Madeleine de La Fayette; *Le Bal du comte d'Orgel*: Roman von Raymond Radiguet; *Der Idiot*: Roman von Fjodor Dostojewski; *Une Saison en enfer*: Prosadichtung von Arthur Rimbaud; *Les Chants de Maldoror*: Prosadichtung von Isidore Ducasse.]

tiven erstaunen, malt er die Wunder, die er selbst erzeugt.

Der Unglaube, dessen erstes Stadium die Plattheit ist, nötigt den Künstler sehr bald, die Mystik der religiösen Maler, die *die Wunder kopieren,* durch einen erfinderischen Lyrismus zu ersetzen. Man darf einen Märtyrer, der seinen Kopf trägt, nicht mit einer Puppe verwechseln, die sich nur durch den Willen des Malers bewegt. Chirico ist, alles in allem, ein religiöser Maler. Ein religiöser Maler ohne den Glauben. Ein Maler des weltlichen Geheimnisses. Er bedarf der Wunder. Sein Realismus hindert ihn, jene Mirakel zu malen, denen er keinen Glauben schenken kann. Also muß er sie selbst erzeugen, indem er seine Gegenstände und Personen entfremdet.

☆

Der wahre Realismus besteht darin, uns die seltsamen Dinge zu zeigen, die die Gewohnheit unter einem Überzug verbirgt und uns zu sehen hindert. Unser Name hat keine menschliche Gestalt mehr. Niemand von uns hört ihn noch. Und dann kann es geschehen, daß ein Postbote, der uns aufweckt, indem er ihn auf dem Korridor eines Hotels ausruft, daß eine Kassiererin, die uns danach fragt, daß Schüler, die sich in der Klasse über ihn lustig machen, den Überzug herunterreißen und plötzlich diesen Namen entblößen, abgelöst von uns selbst, einsam und befremdend wie ein unbekannter Gegenstand. Ein Louis-Seize-Sessel fällt uns auf, wie er da vor dem Laden eines Antiquitätenhändlers auf dem Gehsteig steht. Ein wunderliches Stück! Es ist ein Louis-Seize-Sessel. In einem Salon hätte man ihn nicht bemerkt.

Chirico zeigt uns die Wirklichkeit, indem er sie uns ent-

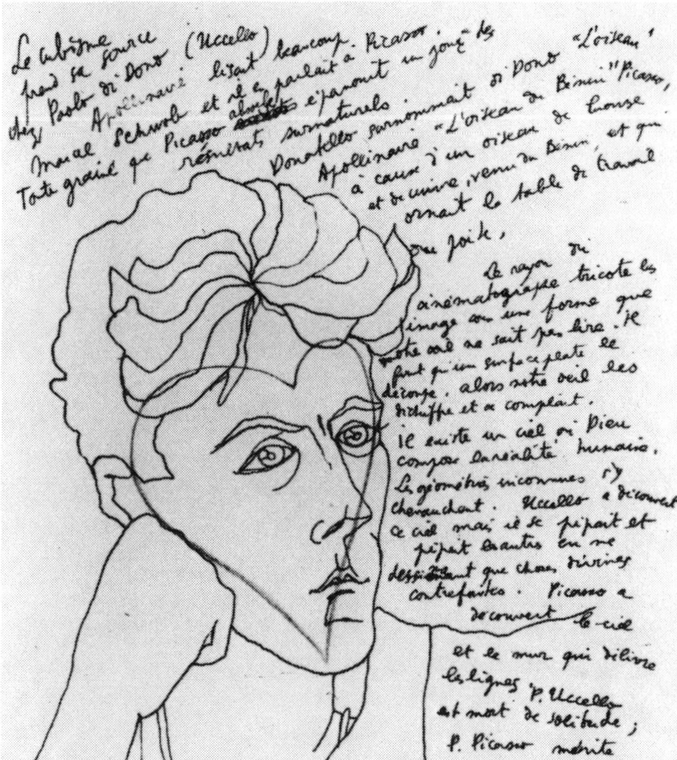

(Uccello)
Apollinaire
Picasso
Marcel Schwob
Donatello
Apollinaire
Il existe un ciel où Dieu
compose la réalité humaine.
Uccello a découvert
ce ciel
Picasso a
découvert le ciel
et le mur qui délivre
les lignes.
P. Uccello
est mort de solitude ;
P. Picasso mérite
la reconnaissance des
hommes.
DEUX OISEAUX

fremdet. Ein Maler befremdender Landschaften, ein *dépaysagiste*. Die erstaunlichen Umstände, unter denen er ein Gebäude, ein Ei, einen Gummihandschuh, einen Gipskopf zusammenbringt, lüften den Überzug der Gewohnheit, lassen sie vom Himmel fallen wie einen Luftschiffer unter die Wilden und verleihen ihnen die Würde einer Gottheit.

☆

Die Richtigkeit der Beziehungen, sogar der allerungereimtesten, ist das einzige, was von der dekorativen Ungereimtheit unterscheidet. Alles, was schön ist, ist wahr und zeugt von einer Wirklichkeit, die eine andere Welt verrät. Um das Gewicht dieser Wahrheit festzustellen und zu prüfen, genügt uns das Gefühl ihrer Existenz, ein Gefühl moralischen Wohlbehagens. Häufig genug findet diese Wahrheit sogar eines Tages eine vertraute Antwort in unserer Welt und hört damit auf, wunderbar zu sein. Ich rede nicht von den Symbolen. Die einfältigen Gemüter putzen alles, was sie stört, damit auf; das ist ihre Methode, sich in Sicherheit zu wiegen.

Ich wiederhole, der Auftritt der Radfahrerin in der *Hochzeit auf dem Eiffelturm* hat einen feinen, das heißt einen groben Sinn bekommen, seit man die Rundfunkkonzerte auf dem Eiffelturm erfunden hat.

Allegorie, das Gegenteil des Symbols.

☆

Diese himmlische Wahrheit, die nicht symbolisiert, verleiht gewissen Werken einen prophetischen Ton. Zum Beispiel: die Verwundung Apollinaires, die Chirico schon im voraus auf die Schläfe des Dichters gesetzt hatte; und eines

Tages, bei Dullin, als ich eben den weißen Stoff des Prologs zu *Antigone* um eine Schneiderpuppe drapiere, neben einem Tisch, der von den Gerätschaften eines Architekten bedeckt ist, stehe ich plötzlich einem Bild von Chirico gegenüber.

☆

Als ich 1917 mit Picasso in Rom war, fand ich keine Gelegenheit, Rom zu betrachten. Ich hatte für nichts Augen als für meinen Mitarbeiter. Wir bewohnten ein Hotel, das nach hinten mit seinem Garten ein Rad schlug und das nach vorne auf die Piazza del Popolo hinausging. Unmöglich, die Meisterwerke zu sehen. Es genügte, daß wir uns entschlossen, eine Kirche, einen Palazzo zu besuchen, um alsbald mit der Nase auf ein Aushängeschild zu stoßen.

Nachts verließen wir das Hotel Minerva, wo die russischen Tänzerinnen wohnten, und wir gingen durch eine Stadt, die nur aus Brunnen, Schatten und Mondschein bestand.

Alle Maßstäbe waren umgekehrt. Man besuchte die Kulissen von Rom. Man sah, wie es aufgestellt ist.

Ich wußte noch nichts von Chirico. Er wäre mir behilflich gewesen, Rom zu entziffern, vor allem, wenn es leer im Mondschein lag, vorausgesetzt, er hätte mich von dem Schauspiel Picassos ablenken können.

☆

Ich kam aus dem *Dieb von Bagdad*, einem Film von schlechtem Geschmack, mit hübschen Maschinerien (unter anderem ein reizender fliegender Teppich). Eine Dame zu einer andern: »So was mag ich nicht. Da mag ich schon eher *Die drei Musketiere;* das ist doch wenigstens passiert.«

☆

Eine Zuschauerin erträgt das Pferd des *Orpheus,* den Tod, die Handschuhe des Todes, den Umstand, daß der Tod aus dem Spiegel heraustritt. In dem Augenblick aber, da Orpheus in den Spiegel eindringt, empört sie sich. »Nein, das geht zu weit!« ruft sie ganz laut.

☆

Frankreich verabscheut die Poesie. Was meinen *Orpheus* rettet, ist allein der Umstand, daß die Franzosen ihn für ein komisches Stück halten. *Meine Nacht ist Licht.** In *Orpheus* geschieht es zum ersten Male, daß man Nacht am hellen Tage zeigt. In Frankreich kann eine Person, die aus einem Spiegel tritt, nur aus einem Spiegelschrank herauskommen.**

Gestern abend sah ich im »Empire« ein Schauspiel, das den Fortschritt der Intelligenz dokumentiert. »Wir Menschen von heute sind nicht mehr so naiv.« Was besagt, daß der Unglaube des Pariser Publikums so weit geht, daß es nicht einmal mehr an die Zauberkünstler glaubt. Doch eine Stadt, in der es nur Erwachsene gibt, ist eine tote Stadt.

Es handelte sich um Mister Maskelin, den Leiter des »Mystery Theatre« in London. Mr. Maskelin legt eine Glasscheibe auf die Rückenlehne zweier Stühle und baut

* [*Anm. d. Übers.:* Im Original in deutscher Sprache.]
** Siehe *Boubouroche* von Courteline.

auf dieser Scheibe, vor unseren Augen, mit kleinen Brettern, die er uns von vorn und hinten vorweist, einen schrankartigen Kasten von sechzig Zentimeter Höhe und einem Meter Breite. Dieser Schrank ist nach oben offen. Er schließt eine Glocke darin ein und befiehlt ihr zu läuten. Die Glocke läutet. Dann kommt eine unsichtbare Hand aus der oberen Öffnung hervor und schwenkt die Glocke hin und her. Die gleiche (unsichtbare) Hand ergreift ein Tamburin und schleudert ein Taschentuch in die Höhe, das sie zuvor dreimal geknotet hat.

Das Publikum des »Empire« lachte und pfiff. ... *Es steckt einer drin,* rief man. Nun beruht aber das Kunststück nicht auf dem Umstand, daß keiner darin ist, sondern darauf, daß sich jemand zwischen den Brettern befindet, wo seine Anwesenheit wegen ihrer freischwebenden Isolierung unerklärlich ist. *Es steckt einer drin, es steckt einer drin, aufhören! aufhören!*

Dieses grausame und dumme Publikum war unfähig, seinen Geist auf den Punkt zu richten, der das Kunststück zu einem Rätsel machte. Vor lauter Plattheit und mangelnder Ordnung seines Urteilsvermögens war es wie gebannt von der Vorstellung, daß ein Mensch darinstecke.

Edgar Poe widmete der Lösung des Problems, das ihm der Schachspieler von Maelzel aufgab, eine lange Untersuchung, darin er die Anwesenheit eines Menschen in dem Automaten nachzuweisen suchte. Dieser Automat versetzte die ganze Welt in Staunen. Heutzutage würde man ihn von vornherein öffentlich verhöhnen. Gleich riefe man: *Es steckt einer drin! es steckt einer drin!,* obwohl der Manager des Automaten mit einer Kerze in den Körper und den Kasten hineinleuchtet.

Wo habe ich doch dieses eingebildete, dieses elegante

Gelächter, dieses *Aufhören! aufhören!* starker Geister, denen man nichts vormacht, schon einmal gehört? Das möchte ich doch wissen. Und plötzlich habe ich es: Es war 1917, im »Vieux Colombier«, wo Paul Guillaume, einer der ersten Verfechter Chiricos, einige seiner Gemälde zeigte. *Es steckt einer drin! es steckt einer drin!* Diese Rufe lassen mir ein Licht aufgehen über das Gelächter jenes Saales voll Intellektueller angesichts einer verödeten Stadt von Chirico.

☆

Außer einer gewissen Feierlichkeit haben die Gemälde Chiricos nichts vom Traum an sich. Seine Gemälde scheinen eher zu schlafen und von nichts zu träumen. Es gefällt mir, daß ein junger Maler (Christian Bérard) einen Schläfer malt, statt der Mode zu folgen und einen Traum zu malen. Der Mensch, der schläft und nicht träumt oder zu tief träumt, um sich seiner Träume zu erinnern, rührt mich sehr. Die Träume sind die Literatur des Schlafes. Selbst die wunderlichsten arbeiten mit Erinnerungen. Das Beste eines Traumes verflüchtigt sich am Morgen. Was bleibt, ist das Gefühl eines körperlichen Umrisses, das Phantom einer dramatischen Entscheidung, die Erinnerung einer Erinnerung, der Schatten eines Schattens. Dieses Unbehagen hat nicht mehr Wert als jene Zeichnungen, die man an einer Hoteltafel zu mehreren mittels eines gefalteten Papiers herstellt. Beim Erwachen wohnen wir unseren Träumen bei wie ein Zuschauer, der ein Stück in einer fremden Sprache hört.

Damit ein Traum seine Kraft bewahre und wie ein Meeresgewächs im Meer lebe, bedürfte es einer Apparatur, die ihn im Schlafe registriert.

Ich beglückwünsche Chirico, daß er mit dem Verfahren des Schlafes arbeitet, statt den Schlaf zu kopieren.

☆

Wenn man seine Träume beschreibt, verfällt man in den gleichen Irrtum, der 1917 darin lag, daß man die Maschinen beschrieb. Man muß sich die Maschinen und die Träume zum Muster nehmen. Ein Gedicht mit dem Mechanismus des Traumes verfassen. Ein Gesicht, das ein anderes wird. Ein Wort, das unterwegs seinen Sinn ändert. *Voler* (fliegen) und *voler* (stehlen).

☆

Bei Max Jacob ist das Wortspiel musikalisch. Bei Marcel Duchamp eine hochmütige Nervenschwäche. Man hat mir meine Wortspiele in *Opéra* zu oft vorgeworfen, als daß ich mich nicht in ein paar Zeilen verteidigen möchte. *L'ami Zamore de Mme du Barry* ist eine Tatsache. *La mise à mort de Mme du Barry* ist ein Orakel. Ich wollte die Tradition des griechischen Wortspiels auffrischen. Die Metapher ist ein grobgeknotetes Wortspiel. Ich ziehe den Knoten so lange an, bis der Finger die Schnur entlangstreicht, ohne etwas zu bemerken.

Man wird sehr rasch bemerken, daß meine Wortspiele nicht der Geist, sondern das Herz meines Buches waren.

☆

Im Jahre 1921 war ich von der Vorstellung besessen, einen jener Krückstöcke aufzutreiben, wie unsere Großväter sie trugen und deren Krücke, statt künstlich angesetzt zu sein, aus einem Stück mit dem Holz des Stockes ist. Man findet indes nur Stöcke mit angesetzter oder gebogener Krücke.

Eines Nachts träumt mir, ich besuche Harrow und in einem Laden, dessen Auslage ein Krokodil zeigt, finde ich dreißig solcher Stöcke. Sie standen in einem japanischen Porzellangefäß. Ein alter Mann verlangt fünfzig Franken dafür. Jeder dieser Stöcke endigt in eine Schelle, die er abschneidet; ich erwache.

Am anderen Morgen erzähle ich Radiguet meinen Traum und schlage vor, nach Harrow zu reisen. Er liebte das Absurde, und er glaubte mir. Wir fuhren ab. Da wir ohne den Wechselkurs gerechnet hatten, kamen wir in London mit leeren Taschen an. Auf dem Victoria-Bahnhof steht mir plötzlich Reginald Bridgeman gegenüber, einer meiner Freunde, der auf dem Lande wohnt, und dem ich meine Reise nicht angekündigt hatte. Er nimmt uns mit und bringt uns in seiner Wohnung unter. Ich erzähle ihm meinen Traum und frage ihn, wo sich Harrow befinde. »Das ist die erste Station nach meiner«, sagt er; »wir werden morgen hinfahren. Dort habe ich das College besucht. Ihren Laden gibt es nicht. Auch werden Sie morgen, sonntags, kein Geschäft offen finden.«

In Harrow essen wir im Hotel »Zum Kopf des Königs« zu Mittag. Nach dem Essen steigen wir die Hauptstraße bergan, die in Trümmern lag (man war dabei, sie wieder aufzubauen). Ich werde einen Laden gewahr, in dessen Fenster ein Golfsack aus Krokodilleder hängt. Ich trete ein. Ich finde meine dreißig Stöcke in dem Porzellanbehälter. Ich zahle dem Alten fünfzig Franken dafür. Die Schellen waren die Beschläge, die sich gelöst hatten und die er mit einem Hammerschlag auf jeden wieder festnagelte.

☆

Die prophetischen Träume sind selten. Fast immer ist die Seltsamkeit des Traumes ein künstliches Erzeugnis. Die Akten des Traumes sind ungenau. Mischung zweier Farben, um eine dritte zu erreichen. Der Traum mischt Erinnerungen, erzielt eine Aktualität ohne Bezug auf irgendeine dieser Erinnerungen, die er vermischt.

☆

Im Traume träumt man nicht von Zimmer oder Treppe, sondern man träumt ein Zimmer und eine Treppe. Ihre geringsten Einzelheiten. Realismus des Traumes. Poetische Wirklichkeit.

Diese Nacht in einem kleinen Zimmer, in das eine Mme Poumeau mir hinaufzusteigen erlaubt hatte, um mich fertigzurasieren, denn ich ging voller Seifenschaum auf der Straße (es war, wie sie mir sagte, ein Zimmer, das sie an Studenten vermietete), hing statt des Kesselhakens mitten im Kamin eines jener Schutzmannsbeine, wie man sie rechts und links von einem falschen Gaul aus Bettlaken herabbaumeln läßt. Ich versuchte zu erraten, warum dieses Bein sich hier befand; doch erst beim Erwachen begriff ich, daß es das Überbleibsel eines Studentenulks, die Erinnerung an ein Faschingsfest oder einen Schülerball sein mußte.

☆

Gewisse griechische Statuen tragen Brillen aus Rauchglas, damit die Sonne sie nicht völlig blind macht.

☆

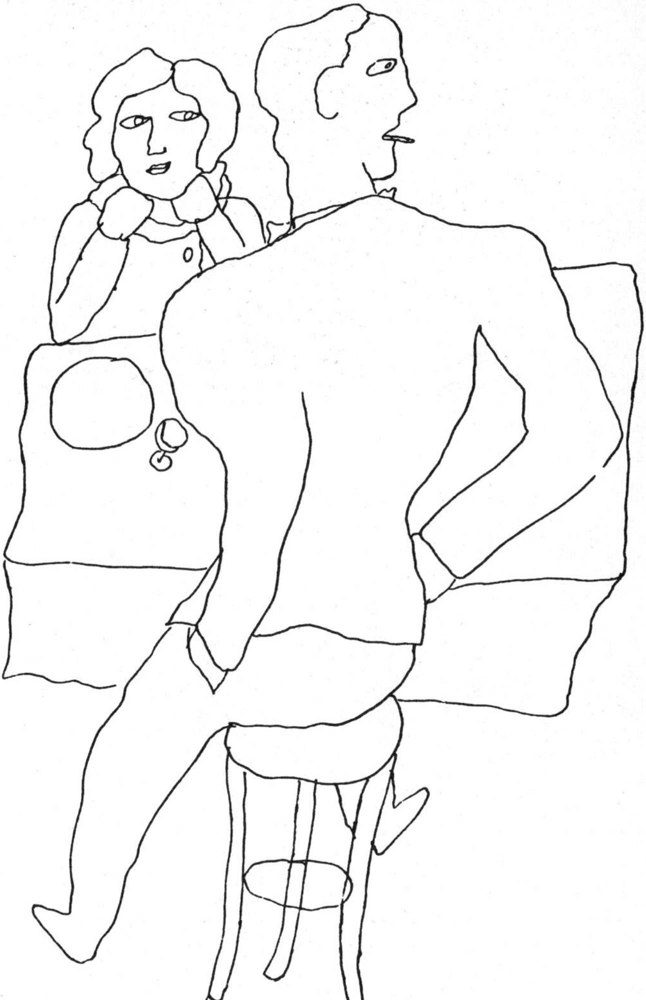

Jokaste hat sich soeben erhängt. In der Stadt wütet die Pest. Alle Einwohner haben sich in ihre Häuser begeben, und Theben schließt zum Zeichen der Trauer die Fensterläden. Ödipus bleibt allein. Da er blind ist, kann man ihn nicht sehen (*sic*). Er ist ein Gegenstand; ein Gegenstand des Entsetzens: ein Ei, ein Apfel, ein Winkelmaß im Vordergrund der Stadt.

☆

Ein großmütiger Amerikaner hat sich erboten, den griechischen Statuen des Louvre bewegliche Gliedmaßen zu schenken.

☆

Wenn man etwas erfindet, ist es angenehm zu erfahren, daß die gleiche Unruhe auch die Arbeit anderer Künstler, die man nicht kannte, bestimmte. Die niedrigen Seelen halten diese Arten des Übereintreffens für Diebstähle und beschweren sich. Eine große Seele nimmt es für einen Beweis der Notwendigkeit. Als ich eben dabei war, das Griechentum aufzufrischen, diese alte Opernsängerin zu operieren, ihre Haut zu spannen (Arbeit an *Antigone,* an *Ödipus*), wußte ich nicht, daß Chirico im Begriff stand, am Ufer des Meeres, unter einem weißen Nebel, jene großen Gestalten mit eiförmigem Haupt hinzusetzen, die in ein Netz von Marienfäden gewickelt sind und deren offene Brust ihr riesiges Herz zeigt.

Später sahen wir sie bei Rosenberg. Diese Trophäen, diese Kästen, diese Gerüste von Eingeweiden hätte ich gerne, in Ermangelung eines Besseren, an den Hals der Antigone gehängt. Ein Kreon, den die Stadt aus Erkenntlichkeit über und über mit Spucke bedeckt.*

☆

Anatomische Tafeln. Ein Querschnitt Antigones. Ein harter Kopf, oval wie ein Kiesel, den das Meer glattgelutscht hat. Alle Organe münden in das komplizierte Herz der Jungfrau, und ihre lebendige Schärpe sinnt schon auf die Untat, sich um ihren Hals zu knoten.

☆

Es ist normal, daß ein Gummihandschuh, der neben einem Gipskopf hängt, daß eine verödete Straße, daß ein Ei, das in einer bösartigen Einsamkeit liegt, daß ein trüber Schein von Sonnenfinsternis und Seuche unseren Maler zu dem Theater des Aischylos oder Sophokles führen und diese Tragöden hervorrufen, die Seite an Seite mit offener Brust über den wirren Gerüsten der Blutschande sitzen.

In Griechenland geboren, braucht Chirico nicht mehr den Pegasus zu malen. Ein Pferd vor dem Hintergrund des Meeres gewinnt durch seine Farbe, seine Augen, sein Maul die Bedeutung des Mythos. Ich denke an den Film *Ben Hur*, der uns wegen vier weißer Pferde so sehr anzog. Im vollen Lauf gefilmt, von einem Gefährt aus, das ihnen mit gleicher Geschwindigkeit folgte, bieten sie einen Block von mähnenumflatterten Profilen dar, die in einen marmornen Wind gemeißelt sind.

☆

* [*Anm. d. Hrsg.:* Das französische Wort »crachat« (Spucke) kann umgangssprachlich auch »Orden« bedeuten.]

Gibt es etwas Realistischeres, als ein vorgestelltes Ding in das Zimmer hineinzumalen, in dem man es sich vorstellt? Ein schaumumkräuselter Dampfer, eine Lokomotive, die durch die Türe hereinbraust, eine Baumgruppe mitten auf dem Fußboden.

Wenn Chirico einen griechischen Tempel und ein Stück Landschaft auf seinen Tisch stellt, kann man nicht mehr abschätzen, ob der Tempel klein oder der Tisch groß ist. Der Tempel ist nicht etwa ein Spielzeug, eine jener Trickzeichnungen, wo Karikatur und Film sich verbinden, sondern vielmehr eine versteinerte Vorstellung, die aufs äußerste getrieben lebendig in die Welt gesetzt wurde, ohne daß zwischen dem Maßstab des Tempels und des Tisches, die beieinander sind, die geringste Möglichkeit eines Vergleichs bestände. Das Erstaunliche ist, daß die Technik des Malers keinerlei Unterschied zwischen dem Zimmer und der Vorstellung hervorhebt. Die Wahrheit dessen, was er ausdrückt, ist so überzeugend, daß sie uns hindert, den Tempel für ein Bühnenmodell oder den Tisch für ein überdimensionales Möbel zu halten.

☆

Man schließe die Augen in einem Zimmer und suche sich eine Erinnerung, die in dem gleichen Zimmer ihre Stelle hat, zurückzurufen; höchst selten wird man sich das Zimmer der Erinnerung nicht an einem anderen Ort vorstellen, außerhalb des Zimmers, in welchem man sich erinnert.

Das sollte Chirico uns malen: diese beiden Zimmer, eines im andern.

☆

Diese Möbel im Freien kommen uns keineswegs lächerlich vor. Unsere Betroffenheit entspringt nicht dem Absurden, sondern der Kraft einer Wahrheit, die in Chirico liegt. Das gleiche gilt von dieser Dame, die einem jungen Manne den Tisch deckt, der selber in einem Stück Eßzimmer mitten in einer Gebirgslandschaft sitzt.

Keinen Augenblick lang vermutet man, sie bewohnten eine Ruine nach einem Erdbeben, oder sie seien im Umzug begriffen und ein voller Möbelwagen würde gleich auf jener Serpentinenstraße herankommen. Nein. Das Überraschende dieser Räumlichkeit und dieser häuslichen Szene an einem solchen Ort wirkt so selbstverständlich, daß an der vollkommenen Redlichkeit der Eingebung nicht zu zweifeln ist.

Anderswo, auf einem Stück Fußboden, dessen Linienführung wie von einer umgekehrten Zimmerdecke den Maler immer besessen hat, stehen in einer öden Landschaft einige Hotelmöbel. Es kommt einem vor, als hätte ein Fuhrmann in einem Anfall schlechter Laune Goethes Hausgerät in wirrem Durcheinander auf einem offenen Platze stehengelassen.

Indes ist die Vorstellung dieser Möbel an diesem Ort ebenso schrecklich wie die einer weißen Frau unter einem Stamm von Wilden.

☆

In einer unwirtlichen Gegend stehen dort, wie ein Akt, Zimmerwände, Fußboden, *bergère,* Spiegelschrank. Nichts gemahnt an die Dekorationen einer Filmtruppe. Etwas verrät dem Wanderer das Gegenteil einer Ruine: die Skizze einer zukünftigen Wohnung. Der Wanderer ist jung, kräftig. Er schreitet vorwärts, die Vergangenheit langweilt ihn.

Die Zukunft berauscht ihn. Er hält inne, und wie Charles Maurras eine athenische Säule umschlang, drückt er eine *bergère* in seine Arme.*

☆

Den Ursprung der möblierten Landschaften verdanken wir wohl irgendeinem amerikanischen komischen Film. Jenem vielleicht, in dem die Gläubiger den Inwohnern, die gerade beim Mittagessen sitzen, das Haus über dem Kopf auseinandernehmen und die einzelnen Teile davontragen.

☆

Wir leben in einer Welt, wo alles sich erklären lassen muß, wo die Gerichte uns ausfragen und wo eine schlechtorganisierte Polizei von außen die Familiengeheimnisse belauert. Bei Giorgio de Chirico sind die Mauern, die Arkaden, die Schatten, die Reiterstandbilder, die Gemüse verdächtig.

Ich stelle mir vor, wie die Polizei auf einem dieser Bilder eine Haussuchung vornimmt, wie in der Kammer eines Dichters. Besser wäre es, man schwiege und ließe sich den Hals abschneiden. Der geringste Gegenstand in meinem Zimmer zeugt gegen mich.

☆

* [*Anm. d. Hrsg.:* Cocteau spielt hier mit dem Doppelsinn des Wortes »bergère«: sowohl »Lehnsessel« als auch »Schäferin«.]

Es gibt keine ernste Kunst ohne Wortspiele, ohne Bilderrätsel. Das heißt, es gibt nur ernste Kunst. Durch die Naivität eines Freud hindurch errät man die Größe Leonardos, der im Traume mit Uccello fliegt. Jedesmal wenn Freud diese Kindereien bedauert, schwingt sich Leonardo da Vinci im Fluge auf.

☆

Jedes Meisterwerk besteht aus versteckten Geständnissen, Berechnungen, hochmütigen Wortspielen, seltsamen Bilderrätseln. Die Öffentlichkeit fiele auf den Rücken, wenn sie dahinterkäme, was ein Leonardo oder ein Watteau verbergen – um nur zwei der bekanntesten Geheimniskrämer anzuführen. Eben durch jene Dinge, die Freud als Kindereien behandelt, verkündet sich ein Künstler, ohne den Mund aufzutun; hierdurch beherrscht er die Kunst und dauert. Denn diese unsichtbare Rückansicht der Schönheit beeindruckt diejenigen, die nur die Vorderansicht wahrnehmen. Minister, Akademiker, Kritiker erliegen, ohne es zu wissen, dem Einfluß solcher hintersinniger Possen.

An einem gewitterigen Sonntag, als ich in den Anlagen von Chantilly umherschlenderte, bemerkte ich, in der Ferne, ein kleines schwarzes Automobil, einen kleinen Wagen im Priesterrock, hoch und ohne Verdeck, eine Art Witwenhütchen, einen mechanischen Beichtstuhl, der auf der Straße dem Gitter des Parks zurollte, das Gitter durchfuhr, die Esplanade erklomm, auf ihr einen Halbkreis beschrieb und, wie in einem Trickfilm, hübsch artig vor dem Konservatoren-Pavillon haltmachte. »Sieh an«, sagte ich mir, »eine Herzogin, die Herrn Bourget konsultiert.« Ermattet von dem Gewitter, dem Spaziergang, der Langweile dieses Besuches und der sonntäglichen Öde, hob ich die Augen zu

Jean
1930

jenen Pferden auf, die sich an der Place du Connétable über einer der Pforten des Marstalls aufbäumen, und zu denen im Giebelfeld, das den Rennplatz beherrscht. So lebhaft war der Gegensatz zwischen meiner Müdigkeit und der fabelhaften Eleganz dieser Tiere mit geaderter Brust, mit Beinen von der Schlankheit des Einhorns, daß ich, aus mir herausgeschleudert, offen, gepeitscht, durchlüftet, beflügelt, entkorkt, erstaunt entdeckte, daß der Bildhauer den Pferden das Gesicht der Karpfen gegeben hatte, denen, ein wenig weiter unten, die Soldaten Brotkrumen zuwerfen. Mehr bedurfte es nicht, um mich wieder auf das Problem der Analogien und der Wortspiele zu bringen. Wenn nur der Marstall, dachte ich, sein Geheimnis hütet, und wenn der hervorragende Psychologe und die Herren vom Konservatorium nur nichts gewahr werden. Sie lieben die Ordnung. Sie wären imstande und setzten die Pferde in die Wassergräben.

Auf meinem Rückweg zum Hotel begriff ich, daß die impressionistische Malerei langweilig ist, weil sie ohne Geheimnisse ist, und die heutige Malerei enttäuschend, weil sie ihre Geheimnisse auf der Außenseite trägt.

☆

Gibt es etwas Schrecklicheres, als einen uns wohlbekannten Menschen, der sich allein glaubt, zu beobachten, ohne daß er es ahnt. Das unbehagliche Gefühl, das uns auf einem Ball überkommt, wo wir unter einer Maske mit Freunden ohne Maske zusammen sind, die uns mit fremden Blicken betrachten, eine neue Sprache reden.

Chirico ist der Dekorateur solcher Theatercoups.

Ich bringe zwei Erinnerungen zusammen.

Im Jahre 1914 trat ich aus dem Zimmer einer Freundin

im Ritz-Hotel. Wie ich mich anschickte, die Treppe hinunterzusteigen, erkannte ich die Marquise von R.... Sie bog eben am Ende des Ganges um die Ecke und kehrte, sich allein glaubend, in ihr Zimmer neben dem Zimmer meiner Freundin zurück.

Ich stand dieser großen Dame, einer Art weiblichem Brummel, sehr nahe; ihre Schönheit, ihre Eleganz und ihre Feste waren überall berühmt. Man hatte mir gesagt, sie leide an der Gicht, und statt nun, da ich mich schon längst nach ihrem Befinden hätte erkundigen sollen, mich zu zeigen und zu entschuldigen, trat ich instinktiv zurück und verbarg mich töricht hinter einem Stapel von Koffern.

Sie kam geradewegs auf mich zu, langsamen Schrittes, auf einem Beine hinkend und sich gegen die Wand stützend. Sie litt. Ihr Auge blickte nach innen. Ihre ganze traurige Aufmerksamkeit galt ihrem entwürdigenden Zustand. Ihr Gesicht ließ sich gehen und war nicht bemüht, jene erstaunliche Erektion des Fleisches hervorzurufen, die die Frauen mit Willen erzwingen können. Die Nase ragte hervor wie ein riesiger Schnabel. Der violette Puder, den sie in Mode gebracht hatte, über ihrem weißen Haar ließ ihr Gesicht gerötet erscheinen. Groß, hager und imstande, kerzengerade im Sitzen auf einem Konzertstuhl zu schlafen wie ein Oberst auf seinem Gaul, war sie nicht mehr ein aristokratisches Haupt, das eine Pike krönte, sondern nur noch ein buckliges Häuflein Qual, ein verwundetes Vollblut, das in den Stall zurückkehrt.

Mein Herz schlug wie das Herz eines Mörders. Ich hielt den Atem an, denn ich begriff, daß sie dem Sterben nahe war und daß sie um keinen Preis erfahren durfte, daß ich sie auf frischer Tat mit dem Tode ertappt hatte.

Ein andermal, an einem Donnerstagnachmittag, suchte ich die Loge Pierre Bertins in den Fluren der Neubauten der Comédie-Française. Diese Flure erinnern im Aussehen und Geruch an ein Krankenhaus. Ich kam von der Straße und wußte nicht, was man spielte. Plötzlich sah ich aus der Tiefe dieses unendlichen Korridors, ein wenig schwankend von der Kehre und wie in der Strömung eines langsamen Flusses treibend, eine Art Balken auf mich zukommen, der niemand anders war als Mme X..., die große Tragödin. Unmöglich, den Rückzug anzutreten. Ich blieb stehen und betrachtete erstaunt dieses Etwas, das nicht ging, sondern, im Gewand der Phädra oder Hermione, einherschwamm und taub, blind, einsam, in seinem Traum gefangen, gegen mich prallen oder, ohne mich zu sehen, an mir vorbeitreiben und seinen Weg fortsetzen würde. Sie sah mich, richtete einen jener Blicke auf mich, wie ihn kranke Damen haben, die man auf einem Hochseedampfer auf den Gängen der Kabinen trifft: »Danke, danke«, sagte sie mit erloschener Stimme, und wohl in der Annahme, ich sei einer der Zuschauer, fügte sie hinzu: »Beeilen Sie sich; es klingelt.«

Aus welcher Tragödie kam sie? Aus der Wirrnis welcher Liebe, welcher Blutschande? Ich wollte mich entschuldigen, eine Lüge erfinden, da sah ich, daß sie sich schon entfernt hatte. Die Strömung trieb sie davon, hob sie, stieß sie nach rechts und links, trug sie dem Schicksal entgegen.

Diese Korridore, wo ich zwei so verschiedene Gestalten gesehen habe, wie man, den Karabiner in der Hand, einen Blutfink auf einem Baum beobachtet, der sich eben putzt, oder durch das Fernglas einen Tiger an seiner Tränke – jedesmal, wenn ich eine Perspektive von Chirico betrachte, kommen sie mir unwillkürlich wieder ins Gedächtnis.

☆

Chirico, oder der Tatort des Verbrechens.

☆

Der geniale Mensch ist der zu allem fähige Mensch. Mitunter sieht man sich plötzlich vor die Frage gestellt: Sollten die Meisterwerke *Alibis* sein?

☆

Chirico, das ist auch die Zeit der abfahrenden Züge.

☆

Der Tod ist die einzige Figur, die sich auf dem Schachbrett de Chiricos völlig ungehindert und in jeder beliebigen Richtung bewegt.

DIE RÖMISCHE IMPROVISATION

Aus dem Französischen übersetzt
von Reinhard Schmidt

(Diese Rede aus dem Stegreif wurde von den Veranstaltern der Picasso-Ausstellung 1953 in Rom auf Tonband aufgezeichnet.)

Jean
Dimanche
de Pâques 1917

Verzeihen Sie, daß ich im Stehen und ein wenig aufs Geratewohl zu Ihnen spreche, aber mir scheint, es gehört sich nicht, an einem Tisch Platz zu nehmen, wenn man von einem Mann spricht, der immer auf den Beinen ist, im Leben wie bei seiner Arbeit, und den man nur selten sitzend antrifft.

Schon am Morgen, wenn er in Cannes aufsteht, weiß er, daß sich ein Fahrradsitz und eine Lenkstange in einen Tierkopf, eine eiserne Kastanie in eine Lampe verwandeln werden, daß er Gips in Bronze gießen und die Bronze bemalen wird. Doch es genügt nicht, derlei zu träumen, es muß ausgeführt werden, und so begibt er sich von seinem Schlafzimmer in sein Atelier, wo Gestalt annehmen soll, was er ersonnen hat. Dort widmet er sich nun einer unglaublichen Arbeit mit plastischen Metaphern, d. h. anstatt niedergeschrieben zu werden, findet die Metapher des Dichters visuellen Ausdruck und läßt sich mit Händen fassen.

Bei seiner Ausstellung in Rom stand ich neben einem Ausländer, der sich vorzüglich in der Malerei auszukennen schien. Er bewunderte eine bronzene Äffin. Aber ehe ich ihn darauf aufmerksam machte, war ihm entgangen, daß das Gesicht der Äffin aus zwei übereinandergesetzten kleinen Spielzeugautos bestand. Er lieferte damit den Beweis, daß Picasso recht gehabt hatte, daß diese beiden übereinandergesetzten Gegenstände einen neuen bildeten, nämlich eine Gestalt gewordene Annäherung einander fremder Vorstellungen.

Als ich jung war und wir alle in Montparnasse wohnten, lebten wir in Armut und ohne das geringste Problem politischer, sozialer oder nationaler Natur. Fragte man mich: »Wer sind die größten französischen Künstler?«, so konnte ich zur Antwort geben: Picasso, ohne daran zu denken, daß er Spanier ist; Strawinsky, ohne daran zu denken, daß er Russe ist; Modigliani, ohne daran zu denken, daß er Italiener ist. Wir bildeten einen Block, in dem man sich häufig schlug, sich viel stritt, in dem aber eine Art internationaler Patriotismus herrschte. Solcher Patriotismus ist ein Vorrecht von Paris, und oft wird diese Stadt Fremden dadurch nahezu unentschlüsselbar. Man darf allerdings niemals vergessen, daß Picasso Spanier ist. Wenn er in großartiger Weise das menschliche Gesicht beleidigt, so ist das keine Beleidigung. Er beleidigt es, ganz wie sich seine Landsmänner respektlos an die Madonna richten, wenn sie ihre Bitten nicht erhört. Picasso verlangt immer irgend etwas, und die äußere Welt und die Materie haben ihm zu gehorchen.

Man hat den Eindruck, wenn man ihm bei der Arbeit zusieht, daß er, wie wir alle, in sehr beschränkten Dimensionen befangen ist und nur über Arbeitsmittel verfügt, die sich von denen der anderen nicht unterscheiden. Er ist alles in allem ein Gefangener in seinen vier Wänden, und spreche ich von vier Wänden, so sind unsere Dimensionen doch leider nur drei und nicht vier.

Was treibt dieser Gefangene? Er zeichnet auf die Wände. Er benutzt sein Messer für Gravuren. Sollte er keine Farbe zur Hand haben, malt er mit Blut und Fingernägeln. Schließlich versucht er dieses Gefängnis zu verlassen und macht sich über die Wände her, die seinen Attacken widerstehen, verbiegt die Gitterstäbe seiner Zelle. Dieser Mensch liegt beständig im Kampf mit seinem Verlangen, aus sich selbst auszubrechen, und beendet er ein Werk, hat man den Eindruck, daß sein Gefängnis ein Zuchthaus ist und dieses Werk ein Sträfling auf der Flucht, daß es ganz natürlich ist, wenn ihm viele mit Hunden und Gewehren nachstellen. Aber es umgibt ihn auch die nicht in Zahlen zu fassende Liebe derer, die die Freiheit lieben und die es gerne sehen, wenn man die Flucht aus den Zuchthäusern wagt.

Ich möchte Ihnen von den ersten Zeiten erzählen, als wir uns kennenlernten. Ich habe erst ziemlich spät, im Jahr 1916, Picassos Bekanntschaft gemacht; damals wohnte er mit Blick auf den Friedhof Montparnasse. Besonders fröhlich war das nicht, aber er hat sich nie um das Treiben der Außenwelt gekümmert, außer um dort seine Ernte einzuholen. Denn er zieht zur Ernte hinaus. Er ist ein genialer Lumpensammler, der König der Lumpensammler. Kaum tritt er vor die Haustür, sammelt er alles auf, was er finden kann, und bringt es in sein Atelier, wo er, was auch immer ihm unterkam, zur Würde eines nützlichen Materials erhebt. Nicht bloß mit seinen Händen sammelt er ungewöhnliche Gegenstände. Sein Auge liest das kleinste Schauspiel auf. Und man braucht nur aufmerksam sein Werk zu studieren, um stets das Viertel wiederzuerkennen, in dem er gerade wohnte, als er dieses oder jenes Gemälde malte; man findet nämlich Elemente wieder, die unaufmerksamen Betrachtern entgehen: Kreidezeichnungen auf den Gehsteigen, Auslagen in den Schaufenstern, Plakate, gipsbespritzte Gaslaternen und den Schatz der Aschentonnen.

Auf den ersten sogenannten kubistischen Gemälden errät man seine Spaziergänge zwischen den Zeitungskiosken und den alten Läden der Kurzwarenhändlerinnen von Montmartre. Aus allem Alten schafft er Neues, das überraschen mag, aber durch seinen Realismus für sich einnimmt. Verstehen wir uns recht über dieses Wort »Realismus«. Strenggenommen kann es gar keine abstrakte Malerei geben, stellt doch alle Malerei etwas dar, sei es eine Idee des Malers, oder sei es letztlich den Maler selbst. Picasso hat niemals behauptet, er male abstrakt. Mit grimmiger Verve sucht er die Ähnlichkeit, und das gelingt ihm derart, daß der Gegenstand oder die Gestalt, die am Ursprung seiner Arbeit stehen, neben ihrer Darstellung häufig an Kraft und Konturen verlieren. Wenn ich aus dem Schuppen trat, wo Picasso an seinem Fresko *Krieg und Frieden* arbeitete, ist es vorgekommen, daß ich die Natur schwach und verworren fand.

Lange Jahre hindurch glaubten die Impressionisten, über die Photographie den Sieg davonzutragen, glaubten, die Photographie sei ein Pleonasmus, den es zu überwinden gelte, und allmählich wird deutlich, daß unsere Impressionisten wunderbare Farbphotographen waren. Bei Degas zum Beispiel ist dies augenfällig. Den Leuten hat an der Malerei stets mehr gefallen, was sie darstellte, als die Malerei an sich. Viele glauben, sie lieben die Malerei, doch sie lieben die Vorlage, das, was der Maler als Vorwand gewählt hat, um sich auszudrücken und – ich wiederhole es – sich in gewisser Weise selbst zu porträtieren. Ob die Maler nun ein Stilleben, ein Gesicht oder eine Landschaft malen – stets kommt dabei ein Selbstporträt heraus, und den Beweis dafür will ich Ihnen nicht schuldig bleiben. Wenn Sie vor einer Jungfrau Maria von Raphael stehen, sagen Sie sich nicht: »Ah, die Jungfrau Maria!« Sie sagen sich vielmehr: »Ah, ein Raphael!« Wenn Sie das Junge Mädchen mit blauer Haube von Vermeer sehen, sagen Sie sich nicht: »Sieh einer an, ein junges Mädchen mit blauer Haube!«, sondern: »Sieh einer an, ein Vermeer!«. Wenn Sie

Anemonen von Renoir sehen, sagen Sie sich doch nicht: »Ah, Anemonen!«, sondern »Ah, ein Renoir!« Und wenn Sie eine Frau sehen, deren Auge nicht am rechten Platz sitzt, sagen Sie sich nicht: »Ah, eine Frau, deren Auge nicht am rechten Platz sitzt!« Sie sagen sich: »Ah, ein Picasso!«

Ich sprach eben davon, daß ich Picasso 1916 kennengelernt habe. Montparnasse war damals ein Viertel wie in einem Provinznest. Wir schienen uns dort nur müßig herumzutreiben, aber das war nicht der Fall, oder nur in dem Maß, als die Jugend immer zu bummeln und nichts zu tun scheint.

In Paris gibt es Viertel, die den anderen voraus sind. Heute ist Saint-Germain-des-Prés an der Reihe. Früher einmal war das Montmartre, und zu unserer Zeit (man nennt es nun die heroische Epoche) stellte sich gerade Montparnasse an die Spitze. Wir trieben uns da herum, ohne indes unsere Zeit zu vertrödeln; Modigliani, Kisling, Lipschitz, Brancusi, Apollinaire waren dabei, Max Jacob, Blaise Cendrars, Pierre Reverdy, Salmon, all diese Männer, die, fast ohne es zu begreifen, eine regelrechte Revolution auf dem Feld der Kunst, der Literatur, der Malerei, der Bildhauerei auslösten.

Diese Revolution hat sich unter äußerst eigenartigen Umständen vollzogen, mitten im Krieg von 1914, einem so seltsamen Krieg, daß wir, obwohl wir an der Front unseren Dienst versahen, zwischen der Front in Paris und der Truppenfront hin und her pendeln konnten. Eben dies betrieb Apollinaire, und es zehrte an seinen Kräften, bis er starb, als gerade der Waffenstillstand geschlossen wurde – wir glaubten, die Stadt sei ihm zu Ehren und zu Ehren unseres künstlerischen Patriotismus beflaggt.

Diese Revolution fand statt, ohne daß es jemand bemerkt hätte, und als die Leute, die Grund hatten, sie zu fürchten, auf sie aufmerksam wurden, war es zu spät, um sie zu bekämpfen. Wir nützten es aus, daß die Stadt beinahe leer war, sich zur Einnahme anbot, und die Festung wurde in der Tat genommen, sieht man doch seither das Werk der Männer, von denen ich Ihnen gerade erzähle, unaufhörlich wachsen.

Lassen Sie mich Ihnen ein kleines Beispiel für den Bruch zwischen zwei Epochen geben. Als Modigliani mein Porträt anfertigte, arbeitete er im selben Atelier wie Kisling, in der Rue Joseph-Bara. Ich weiß nicht, was aus Kislings Porträt geworden ist, auf dem man im Hintergrund Picasso, in einem Hemd mit schwarzen Karos, zeichnen sieht. Das Porträt von Modigliani nahm eine große Leinwand ein. Für fünf Francs verkaufte er es mir. Ich hatte leider nicht genug Geld, um einen Wagen zu bezahlen, mit dem ich das Bild zu mir hätte schaffen können. Kisling hatte im Café de la Rotonde Schulden von elf Francs. Er schlug vor, dem Wirt statt dessen dieses Porträt zu geben. Der Wirt willigte ein, und das Gemälde machte sich auf eine lange Reise, die schließlich mit einem Verkaufserlös von siebzehn Millionen in Amerika ihr Ende finden sollte.

Ich erzähle Ihnen diese Anekdote nicht, um mich zu beklagen, um Ihnen zu sagen, daß wir hätten reich werden können und es nicht geworden sind. Ich erzähle sie, um Ihnen vor Augen zu führen, mit welcher Geschwindigkeit sich unsere Revolution zu einer etablierten Ordnung gewandelt hat; zuweilen wirft man das ihr vor, doch diese Entwicklung ist unvermeidlich.

Eine weitere Geschichte aus der Zeit, als Picasso in Montmartre wohnte. In seinem Atelier herrschte eine große Unordnung. Die Zeichnungen lagen über den Boden verstreut. Eines Tages besuchte ihn einer der ersten reichen Kunstsammler. Er bückte sich, hob eine Zeichnung vom Boden auf und fragte, wieviel sie kosten solle. Picasso antwortete: »Fünfzig Francs.« Da rief der Sammler angesichts der großen Menge herumliegender Blätter: »Na, dann haben Sie ja schon ausgesorgt!«

Kürzlich wurde bei Picasso, in der Rue La Boétie, eingebrochen; die Diebe nahmen nur die Wäsche mit.

Wir hielten also Montparnasse besetzt und waren ganz mit dieser Revolution beschäftigt, die sich selbst nicht als solcher bewußt war und die, wie alle Revolutionen, in einem Keller ihren Anfang nahm. Das war der kleine Keller in der Rue Huyghens, wo sich unser »Klub« traf; dort wurden Gedichte vorgetragen oder die Musik der jungen Komponisten gespielt, die man dann die »Gruppe der Sechs« taufte. Picasso, der bereits berühmter als seine Freunde wurde und allmählich hohe Verkaufspreise erzielte, war so liebenswürdig, nach links und rechts seine Gouachen auszuteilen und beide Augen zuzudrücken, denn er wußte sehr wohl, daß seine Freunde sie verkaufen würden. So half er ihnen, ein Auskommen zu finden. Die Legende, die Picasso zu einem Egoisten stempelt, ist grundfalsch. Man kennt ihn schlecht, wenn man nicht weiß, daß er immer seinen Freunden geholfen hat, ohne sich dabei ins Licht zu setzen und ohne im geringsten davon Aufhebens zu machen.

Ende 1916 nahm ich Picasso nach Rom mit. Diaghilew, der Leiter des Russischen Balletts, hatte sich von unserer Reaktion gegen seine Aufführungen beeinflussen lassen und unsere Gruppen unter seine Fittiche genommen; so besorgte er sich neuen Sprengstoff. Als er nach Frankreich kam, hatte er ausschließlich russische Bühnenbildner mitgebracht: Bakst, Alexandre Benoit, Larionow. Er band nun Picasso, Braque, Derain, Matisse, Laurens an sich. Er versuchte auch, Renoir an sich zu binden, doch Renoir war schon sehr alt und krank.

Montparnasse schrie Skandal, als Picasso die aristotelischen Regeln des Kubismus verletzte, um mit mir nach Rom zu fahren und dort, zu der Musik von Erik Satie, das Ballett *Parade* vorzubereiten.

Wie eine Verlobung gaben wir Gertrude Stein unsere Abfahrt nach Rom bekannt. Picasso zu Diaghilew zu führen, war, als hätte ich Renan hinter die Kulissen einer Kabarettbühne geführt.

Die italienischen Futuristen, Marinetti an der Spitze, haben uns Beistand geleistet. Die Futuristen, das waren damals Prampolini, Balla, Carrà. Sie waren so freundlich, uns beim Bau der Gestelle für Picassos Kostüme und überhaupt bei der Verwirklichung unseres Projekts zu helfen. Wir waren davon überzeugt, daß unser Ballett allen gefallen würde, weil uns die Arbeit daran Spaß machte und es uns normal erschien, daß die anderen unser Vergnügen teilen würden. Nicht im geringsten ahnten wir, daß *Parade* 1917 ein großes Ereignis und ein großer Skandal im Theaterleben werden könnte. Die Premiere des Stücks fand im Châtelet-Theater statt, und wenn uns die Menge am Ausgang nicht gelyncht und in Stücke gerissen hat, so ist dies einzig und allein der Uniform und der Schläfenverletzung Apollinaires zu verdanken; wegen dieser Verletzung, die Giorgio de Chirico in seinem Porträt bereits vorweggenommen hatte, mußte er einen Verband tragen, der dem naiven Patriotismus des Publikums Achtung gebot. Das rettete uns gerade noch um Haaresbreite vor der Empörung der Menge. Als nach einigen Vorstellungen wieder Ruhe eingekehrt war, hörten wir einmal einen Herrn zu einem andern sagen: »Wenn ich geahnt hätte, wie dumm das wird, dann hätte ich die Kinder mitgenommen.« Diese Bemerkung bringt mich natürlich auf den Satz, den so viele von Picassos Bildern sich anhören müssen: »Das hät-

SILENCE

te ja auch mein kleiner Junge (oder meine kleine Tochter) malen können.« Der Grund dafür ist, daß jedes Meisterwerk, jedes bedeutende Werk leicht aussieht, und während ein Künstler gerade solch scheinbare Einfachheit anstrebt, wendet sich das Publikum von dieser falschen Einfachheit ab. Leider neigt man gemeinhin dazu, das höher zu schätzen, was sich den Anschein des Schwierigen gibt. Aber wer ein Gespür für Meisterwerke besitzt, hat auch begriffen, daß die großen Künstler die Einfachheit suchen. Nun mögen Sie einwenden, Picassos Werke seien nicht einfach. Das ist nicht richtig. In Gegensatz zu allen Schulen schreitet er nicht vom Unvollendeten zum Vollendeten, vom Unendlichen zum Endlichen, sondern mit tiefer Eleganz und vor allem Ästhetizismus auf der Hut geht er stets genau umgekehrt vom Endlichen, Fertigen zum Unendlichen, Nichtfertigen, von der Perfektion zum Entwurf. Wenn Sie in den Alben blättern, die seiner Arbeit an dem großen Fresko *Krieg und Frieden* vorangehen, werden Sie feststellen, daß alle diese Figuren, all diese Krieger und Tänzer, all diese Hände, all diese Pferde fünfzigmal in genauer Form wiederaufgenommen wurden und daß er nach und nach, indem er diese Zeichnungen in Malerei übertrug, zu der gigantischen Skizze gelangt ist, die wir nun vor uns haben. Er hat also, ich wiederhole es, den umgekehrten Weg beschritten, als man ihn die Maler lehrt. Er hat mit einer endlichen, fertigen Arbeit begonnen, um nach und nach zu einer nichtfertigen, unendlichen Arbeit zu gelangen, die Platz läßt für Ihre Spekulationen und für Ihre Träume.

Zeugt es nicht von besonderer Höflichkeit, wenn man dem Publikum sagt: »Hier haben Sie, was ich Ihnen vorschlage, vollenden Sie es, wenn Sie dazu imstande sind, in Ihrem Kopf und Ihrem Herzen?«

Die erste Frage, die Picasso provoziert, lautet stets: Was soll das bedeuten?

Seit mehreren Jahrhunderten täuscht man nun schon das Publikum auf das herrlichste. Man täuscht es mittels des mehr oder minder verformenden Spiegels der Augen- und der Geistestäuschung. Man zeigt ihm etwas, das es bereits kennt, wohl wissend, daß ihm das Wiedererkennen lieber ist, als etwas Neues kennenzulernen. Wiedererkennen fällt leichter als Kennenlernen. Man kommt so darum herum, etwas dazuzulernen. Wie viele glauben nicht, sie liebten die Malerei, nur weil sie Formen wiedererkennen, die sie zu sehen gewohnt sind. Plötzlich ist ein außerordentliches Ereignis eingetreten. Der Maler, dem man zu Unrecht – aufgrund eines Scherzes von Matisse – die Bezeichnung »Kubist« angehängt hat, läßt jeden Anschein eines Vorwands beiseite. Das Ereignis ist gewichtig, hat man doch einst ein Gebäude dank eines Gerüsts erbaut und könnte man doch durchaus der Ansicht beipflichten, seit 1912 behalte der Maler nur noch das Gerüst übrig und verzichte auf das Bauwerk, dessen Masse sich nichtsdestotrotz inmitten der Gerüste unübersehbar abzeichnet. Vor den Picassos, den Braques der grauen Periode hat man oftmals den Eindruck eines Gerüsts, aber dahinter liegt die Architektur eines Gebäudes.

Die Dinge folgen Picasso, wie die Tiere Orpheus folgen. Er führt sie, wohin er will, in ein despotisches Königreich, dessen Gesetze er selbst bestimmt. Aber die Dinge, die ihm folgen, bleiben stets noch kenntlich, denn niemals beraubt sie Picasso des Leitgedankens, der ihnen innewohnt. Ein Stierkopf bleibt ein Stierkopf. Ein Kind bleibt ein Kind, und wie in einem Familienalbum erkennt man die verschiedenen, aufeinanderfolgenden Familien Picassos wieder.

In der Ausstellung in Rom konnte ich einmal vor einem

Porträt von Françoise Gilot ein seltsames Schauspiel beobachten. Ein Museumswärter verdeckte mit seiner Mütze einen Teil des Kopfes und sagte zu einer Dame: »Was sehen Sie da?« Die Dame antwortete: »Ein Profil.« Dann verdeckte er das Profil und fragte: »Was sehen Sie jetzt?« – »Noch ein Profil.« Es war der Knoten von Françoises Haar. Darauf sagte der Wärter zu der Dame: »Sie haben alles verstanden.« Weder der Wärter noch die Dame hatten auch nur irgend etwas verstanden, und niemand braucht etwas zu verstehen.

Wesentlich ist, daß man ein Gefühl dafür hat, daß man zu erfassen versucht, wie hier die Seele und die Vorgehensweise eines Menschen ihren Niederschlag finden, durch den hindurch die Attribute der Welt reisen und zu etwas prachtvoll Einzigartigem werden. Es ist nicht paradox, bezeichnet man Picasso als den ersten Maler, der nicht das Publikum täuscht. Apelles täuschte selbst die Vögel, da diese ja seine Trauben für wirkliche Trauben ansahen.

Versucht unser Maler seinem Gefängnis zu entfliehen, kennt er auch Minuten der Entspannung – denn Müdigkeit würde ich das nicht nennen. Sie werden dann weit gefälligere Werke als die übrigen entstehen sehen, Gemälde mit abgemilderten Farben, mit gefälligeren Formen. Die Porträts seines Sohnes Paul belegen das. Man stößt hier auf eine Ruhepause im Kampf gegen die Leinwand, die sich nicht bemalen, nicht überdecken lassen will und wohl denkt: Man befleckt mich, man richtet mich zugrunde, man beschmutzt mich. Aber wenn Picasso wirklich ganz er selbst ist, dann treibt er seinen Realismus bis zu den letzten Grenzen vor, jenen Realismus, der ihm eigen ist und den Sie nicht unter dem Vorwand zurückweisen sollten, er sei nicht der Ihre.

Der Wirt des Restaurants »Le Catalan« gestand Picasso

eines Tages, er verstehe auch nicht eines seiner Gemälde. Picasso fragte ihn, ob er die chinesische Sprache verstehe. Auf das Nein des Wirts meinte Picasso: »Das kann man lernen.« Und er hatte recht. Für einen Wilden wäre die konventionelle Kunst unleserlich. Sie verlangt von uns eine lange Gewohnheit. Freilich hindert uns nichts daran, mit den Gewohnheiten zu brechen und davon auszugehen, daß die Kunst es weder nötig hat, zu gefallen, noch, uns ins Gesicht zu springen.

Bei der Ausstellung im Louvre (im Pavillon de Flore) fiel mir auf, wie lange sich die Besucher vor den Gemälden aufhielten und darin eine Sprache zu entziffern suchten. Es ist ein Fehler zu glauben, der Künstler müsse der Menge auf halbem Weg entgegenkommen. Richtiger wäre es, die Menge käme dem Künstler entgegen; in krassem Widerspruch hierzu steht der Stil des Radios, aus dessen Hahn eine lauwarme Brühe in die Häuser fließt, die ganz der Nachfrage gehorcht. Wenn man im Rundfunk wahre Musik spielte, behaupte ich, würden die Leute unter ihren Einfluß geraten, würden von ihr durchtränkt und der realistischen Sängerinnen und singenden Herzensbrecher müde werden.

Picasso neigt sich niemals irgend jemandem zu. Dank solch stolzer Haltung hat er sich durchgesetzt. Selbst wenn er sich einer politischen Familie anschließt, verzichtet er auf keines seiner Vorrechte. So habe ich ihn immer gekannt, und so wird er bis zu seinem Tod bleiben, falls der Tod es wagen sollte, ihm ins Wort zu fallen.

Lassen Sie sich nicht täuschen, nach der Romantik der Fauves war der Kubismus eine Klassik. Deshalb setzten die Kubisten, zum allgemeinen Erstaunen, einem Delacroix Ingres entgegen, während die jungen Künstler gerade Delacroix für einen Revolutionär hielten und Ingres für einen akademischen Maler. Dem Kubismus gebührt die Ehre, aufgedeckt zu haben, daß sich die Jugend einst täuschte, als sie sich dem Ungestüm eines Delacroix verschrieb und den außerordentlichen Verformungen, den unglaublichen und doch so unauffälligen Kühnheiten eines Ingres mit Geringschätzung begegnete.

Nach und nach hat sich Picasso fortentwickelt, ist er doch ganz Bewegung und nicht Schule. Sein Wirbelsturm führt zu jenem *Krieg und Frieden*, in dem er Ingres' *Türkisches Bad* und Delacroix' *Einzug der Kreuzfahrer in Konstantinopel* miteinander vermählt. Freilich ähnelt nichts darin dem *Türkischen Bad* oder dem *Einzug der Kreuzfahrer in Konstantinopel*, doch feiern hier eine ruhige und eine aggressive Kraft ihre Verbindung. Das Ergebnis ist ein erstaunliches Fresko, das wie ein Entwurf erscheint und das einen langen Prozeß des Nachdenkens festhält, an dessen Ursprung *Guernica* stand.

Es ist mir durchaus bewußt, daß der Wirbelsturm Picasso eine Gefahr für die Jugend darstellt. Diese Gefahr rührt daher, daß er hinter allen Türen, die er aufstößt, gleich dreimal wieder den Schlüssel umdreht. Wollte man ihm folgen, würde man unweigerlich gegen eine Tür rennen. Zugleich ist er jedoch Träger einer Hoffnung, weil er den Beweis erbringt, daß der Individualismus nicht vom Tod bedroht ist und die Kunst sich gegen ein Ameisenideal erhebt. Ist es nicht seltsam, daß ein Mann mit einem verschlossenen Werk einen Ruhm erlangt, der dem Victor Hugos, der sich einem offenen Werk verdankt, in nichts nachsteht? Wahrscheinlich denkt unsere heutige Jugend mehr und sucht nach listigen Mitteln und Wegen, den Samen ihrer Nacht ins volle Tageslicht zu ergießen.

Niemals handelt es sich bei Picasso um Grimasse, um Karikatur. Um Intensität geht es hier. Vor der Suche steht bei ihm die Ausführung der Arbeit. Zuerst findet er, und dann macht er sich auf die Suche. Das Vielgestaltig-Widersprüchliche seines Werks verstört eine alte Gewohnheit und eine alte Faulheit, denen ein Werk nur als schön gilt, soweit es eine Einheit bildet. Solche Einheit darf nun allerdings keine der Oberfläche sein. Eben darin war Picasso mir und vielen meiner Generation ein Lehrmeister, daß er uns beibrachte, uns nicht im geringsten um die Einheit der Oberfläche zu scheren, nicht den Ruf eines Jongleurs oder Akrobaten zu fürchten, nicht immer in dieselbe Kerbe zu schlagen und nicht immer denselben Ton zum Klingen zu bringen. Mit jedem Werk muß ich wieder ganz von neuem beginnen, alles wieder in Frage stellen.

Sie werden einwenden, unser Name erleichtere uns manches. Mitunter bekomme ich von jungen Leuten zu hören: »Sie haben Glück, Sie können machen, was Sie wollen.« Dann zähle ich ihnen die Hindernisse auf, die sich uns in den Weg stellen und die unser Name noch verzehnfacht, da man uns gern die Erbschaft unserer Erfolge antreten sähe und uns vorwirft, dem den Rücken zu kehren. Picasso verdanken wir diese Frische in der Methode, diese hartnäckige Anstrengung, uns nicht gleich am Gewand wiedererkennen zu lassen, sondern nur durch den Blick uns zu verraten. Ich vertraue Ihnen eines von Picassos großen Geheimnissen an: Er läuft schneller als die Schönheit. Deshalb erscheinen seine Werke häßlich. Lassen Sie mich das erklären: Wer nicht so schnell wie die Schönheit läuft, wird nur kraftlose Werke hervorbringen; wer genauso schnell läuft wie die Schönheit, wird platte Werke schaffen; wer schneller als die Schönheit läuft, wird sie außer Atem bringen, sie nötigen, sein Werk einzuholen, und so wird auf die Dauer sein Werk schließlich schön. Nichts ist verhängnisvoller, als Seite an Seite mit der Schönheit zu laufen oder hinter ihr zurückzubleiben. Man muß ihr immer ein paar Schritte voraus sein, sie zur Erschöpfung treiben und sie häßlich dastehen lassen. Eben diese Zeichen des Abgekämpftseins verleihen der neu errungenen Schönheit die großartige Häßlichkeit eines Medusenhaupts.

Verzeihen Sie mir, wenn ich ohne große Ordnung daherrede. Strikt einen Weg einzuhalten, fällt schwer mit einem Mann, der erklärt, die Malerei sei ein Blindenhandwerk. Er erzählte mir einmal, er habe in Avignon einen alten, fast blinden Maler gesehen, der das Schloß der Päpste malte. Neben diesem alten Maler stand seine Frau, die das Schloß durch ein Fernglas betrachtete und es ihm beschrieb. Der Maler malte nach den Beschreibungen seiner Frau. Picasso malt nach niemands Beschreibung, sondern nach dem, was er sich über das Gesehene erzählt. Daraus bezieht sein Werk eine unmittelbare und unvergleichliche Vorstellungskraft.

Wir alle bergen in uns eine Nacht, die wir nur schlecht oder gar nicht kennen. Diese Nacht will und will doch nicht aus uns heraus. Das ist das Drama der Kunst, wahrhaft ein Kampf Jakobs mit dem Engel. Und ich denke nicht – außer wenn Picasso töpfert, um seine Hände nie zur Ruhe kommen zu lassen –, ich denke nicht, daß er jemals ein Werk geschaffen hat, ohne einem erschreckenden Kampf mit sich selbst ausgeliefert zu sein.

Friedrich Nietzsche spricht von diesen »mütterlichen Menschen«, diesen Menschen, die unaufhörlich gebären und die dem kritischen Geist entrinnen, weil sie der schöpferische Geist verzehrt. Das könnte man geradezu für ein prophetisches Porträt Picassos halten, der überdies wie alle großen Schöpfer Mann und Frau zugleich ist; und was für ein Verhältnis das gibt! In keiner Ehe, scheint mir, wurde jemals so viel Geschirr zerschlagen.

1916 wollte er mich im Harlekinkostüm porträtieren. Am Ende ist aus diesem Porträt ein kubistisches Gemälde geworden, auf dem ich unmöglich wiederzuerkennen bin. Wenn ich ihm zu dem Porträt Modell gesessen hatte, zogen wir gewöhnlich durch Montparnasse und klopften bei den Malern an. Sie verriegelten die Tür, und als sie schließlich öffneten, hatten sie ihre Bilder im Schrank versteckt. »Er schaut mir sonst meine Art ab, die Bäume zu malen«, erklärte der eine, und der nächste: »Er wird mir den Siphon abschauen, den ich in die Malerei eingeführt habe.« Dem kleinsten Detail legte man große Bedeutung bei, und Picassos Kollegen fürchteten seine Besuche, weil sie sich wohl bewußt waren, daß sein Auge alles erfassen, alles verschlingen, alles verdauen würde, um bei ihm zu Hause mit einem Reichtum, dessen sie nicht fähig waren, wieder alles neu erstehen zu lassen.

Man mag billigen oder mißbilligen, was Picasso macht, jedenfalls erregt er allgemein die Gemüter, und das in einer Welt, die sich logischerweise nicht viel für die Kunst interessieren dürfte und sie als Luxus betrachten müßte.

Picassos engste Freunde waren, von mir einmal abgesehen, Apollinaire, André Salmon, Max Jacob, Gertrude Stein, Pierre Reverdy, Paul Eluard. Dichter also. Ist es nicht bezeichnend, daß Picasso mehr die Gesellschaft von Dichtern als von Malern sucht? Er ist nämlich ein großer Dichter. Was er malt, spricht unsere Sprache und spiegelt dieselben Ansprüche, denen auch wir verpflichtet sind. Seine Syntax ist visuell, der Syntax eines Schriftstellers vergleichbar. Augenscheinlich sucht jedes seiner Gemälde dem zu entsprechen, was Guillaume Apollinaire als »Ereignis-Gedicht« bezeichnete. Wenn er sich mit einer neuen Syntax beschäftigt, an einer neuen Serie

arbeitet, gibt es stets ein Gemälde, das den Höhepunkt der Serie bildet, sie zusammenfaßt und zum Ereignis wird.

Kehren wir nach Montparnasse zurück. Unser Kreis hat sich mit der Geburt des Surrealismus aufgelöst. Die Dada-Bewegung (Tristan Tzara – Arp – Marcel Duchamp – Picabia – Ribemont Dessaigne) ging der Mannschaft der Surrealisten voraus, unter deren Flagge dann Breton, Eluard, Aragon, Desnos, Max Ernst, Dalí, Miró, Masson, Paul Klee etc.... in die Schlacht zogen. Chirico leugnet hartnäckig die Rolle, die ihm dabei zukam. Die Surrealisten trugen damals noch nicht diesen Namen. Fast auf der Stelle sollten wir uns in die Haare geraten, weil ich keine Befehle entgegennehmen wollte. Der Surrealismus pflegte mit selbstherrlichen Erlassen zu regieren. Ich bin ein freier Mensch; ich war immer frei und werde es bis zum Ende bleiben. Mit den Surrealisten zerstritten, verfocht ich dieselben Anliegen wie sie, nur arbeitete ich allein, während sie als Gruppe arbeiteten. Sie nahmen Picasso in Beschlag, und es beweist den Stil dieses Mannes, daß er sich niemals auf unseren Streit, der siebzehn Jahre dauerte, eingelassen hat und daß dieser Zwist nie auch nur den Schatten einer Wolke zwischen uns aufkommen ließ. Mit der Zeit haben wir uns alle wieder miteinander versöhnt; ich bin ein enger Freund Eluards geworden, den ich leider bald verlieren sollte – ein enger Freund Eluards und all derer, mit denen ich mich geschlagen hatte, weil das wohl unumgänglich war.

Der Stil der Zwietracht hat sich fortentwickelt. Die Politik hat eine große Bedeutung gewonnen. Die einen haben sich nach rechts gewandt, die andern nach links. Heute ist jene Haltung unbekannt, die mir erlaubte, Picasso zum Lehrmeister zu haben und mich zugleich dem Einfluß eines Greises und eines Kinds zu öffnen: dem Einfluß Erik Saties und Raymond Radiguets.

Für den Fall, daß Sie Picasso nur von Bildern kennen, möchte ich ihn Ihnen beschreiben. Er ist sehr klein, hat bezaubernde Hände und Füße und schreckliche Augen, deren bohrender Blick tief in Außen- und Innenwelt eindringt. Wie Wasser aus der Brause einer Gießkanne sprüht aus ihm die Intelligenz. Zuweilen mag man sich vielleicht unter dieser Dusche erkälten, aber man wird stets davon profitieren. Er spricht mit scharfer Zunge und schießt dabei oft über das, was er sagen will, hinaus. Wenn man jedoch am folgenden Tag darüber nachdenkt, wird man in aller Regel feststellen, wieviel man daraus lernen kann, und seine klarsichtige Anmut und Härte werden uns zum Maßstab unseres eigenen Verhaltens. Übrigens liebt er die schlagenden Formulierungen. Einmal sagte ich, er habe seinen Tontauben das Leben geschenkt, indem er ihnen den Hals umdrehte. Dieser Scherz war nach seinem Geschmack, denn er selbst prägt ständig zündende Wendungen. Nicht das Dahinfließen der Rede gleicht ihm, sondern die Prägnanz der Formel. Sein lyrisches Wesen läßt sich niemals verströmen, hat nichts von einem reißenden Gebirgsbach. Es zieht sich zusammen und formt sich zu Gegenständen aus, um die man herumgehen, die man berühren kann und die ihre Wirkungskraft einem inneren Strahlen verdanken.

Eigentlich hatte ich mir vorgenommen, hauptsächlich über Picassos Freunde zu Ihnen zu sprechen, und nun stelle ich fest, daß ich von ganz etwas anderem gesprochen habe. Aber bedeutet das nicht gerade eine Verneigung vor einem Maler, der stets sich aufgemacht hat, ohne das Ziel seiner Reise zu kennen, und dessen Ankunft letztendlich zum Triumph wird? Es liegt überdies nicht in meiner

Macht und überstiege auch unsere Grenzen, wollte ich Ihnen sagen, dank welchen Verfahrens er unterwegs auf einen anderen Rhythmus umschaltet. Ein bloßer Fetzen Papier, der auf dem Boden herumliegt, kann da bereits ausreichen, wie es den Vollblütern widerfährt, die sich plötzlich aufbäumen und die Peitsche des Jockeys zu spüren bekommen. Doch hier würden wir nun ein Gebiet betreten, auf dem die freundschaftliche Improvisation, die ich Ihnen versprochen habe, ihren wahren Sinn verlöre.

So möchte ich denn hiermit den Papst, den Borgia einer Kirche grüßen, deren erste Märtyrer die verfemten Maler waren, und allen voran Van Gogh.

HINWEISE ZU EINIGEN EIGENNAMEN*

Action française	rechtsradikale, antirepublikanische Gruppierung im Frankreich der ersten Hälfte dieses Jahrhunderts. Ihr Führer war der Schriftsteller Charles Maurras. »Action française« hieß auch das Organ dieser Gruppe, das Maurras und Léon Daudet leiteten.
Allais, Alphonse	(1855–1905), humoristischer Schriftsteller.
Apelles	griechischer Maler der 2. Hälfte des 4. Jahrhunderts v. Chr.
Auric, Georges	(1899–1983), Komponist, gehörte mit Louis Durey, Arthur Honegger, Darius Milhaud, Francis Poulenc und Germaine Tailleferre zu den Musikern der »Gruppe der Sechs«, mit denen Cocteau in Verbindung stand und zusammenarbeitete. Seine Ballettmusik *Les Fâcheux* wurde 1924 uraufgeführt. Er schrieb später zu den meisten Filmen Cocteaus die Musik.
Barrès, Maurice	(1862–1923), Schriftsteller und Politiker mit mystisch-nationalistischer Tendenz. Er stammt aus Lothringen.
Bashkirtscheff, Maria	(1860–1884), russische Malerin, lebte in Paris.

* Die folgende Liste beschränkt sich in der Regel auf die – zumindest in Deutschland – weniger bekannten Namen.

Bérard, Christian	(1902–1949), französischer Maler und Bühnenbildner, war mit Cocteau befreundet und arbeitete des öfteren mit ihm zusammen.
Berthelot	Marcellin Berthelot (1827–1907), bedeutender Chemiker, der auch politisch Karriere machte; sein Sohn Philippe (1866–1934) war ein bekannter Diplomat, sein Sohn Daniel (1855–1927) Pharmazeut.
Bloy, Léon	(1846–1917), zum Katholizismus bekehrter Schriftsteller.
Boileau, Nicolas	(1636–1711), Dichter und Kunsttheoretiker der französischen Klassik.
Bonnat, Léon	(1883–1922), französischer Maler.
Borgia, Rodrigo de	(1430–1503), bürgerlicher Name von Alexander VI., eines Renaissancepapstes, der seine Macht mit allen Mitteln sicherte und den weltlichen Vergnügen gegenüber aufgeschlossen war.
Bourdelle, Antoine	(1861–1929), Bildhauer.
Bourget, Paul	(1852–1935), konservativer französischer Schriftsteller.
Brancusi, Constantin	(1875–1957), rumänischer Bildhauer; lebte seit 1904 in Paris.
Bremond, Henri	(1865–1933), französischer Priester; Literaturkritiker und Geschichtsschreiber mystischer Tendenz.
Canova, Antonio	(1757–1822), zu seiner Zeit von den herrschaftlichen Auftraggebern sehr geschätzter italienischer Bildhauer.
Cendrars, Blaise	(1887–1961), Dichter, Romancier, Journalist. Cocteau hat zusammen mit ihm in den Jahren um 1920 das Programm des kleinen Verlags Editions de la Sirène betreut.

Chabrier, Emmanuel	(1841–1893), zu seiner Zeit einflußreicher französischer Komponist, der effektvolle Musikstücke schrieb.
Cigale, La	Pariser Theater, in dem vor allem Revues aufgeführt wurden; hier hat Cocteau 1924 sein Stück *Roméo et Juliette* inszeniert, in dem er selbst die Rolle des Mercutio spielte.
Claudel, Paul	(1868–1955), katholischer Dichter und Dramatiker.
Constant, Benjamin	(1757–1830), französischer Politiker und Schriftsteller; sein literarisches Hauptwerk ist der Roman *Adolphe*.
Corot, Camille	(1796–1875), französischer Maler.
Delacroix, Eugène	(1798–1863), Maler der französischen Romantik, der Dynamik und Farbgebung in den Vordergrund stellte.
Ducasse, Isidore	(1846–1870), Schriftsteller; wegen seiner unter dem Pseudonym Lautréamont veröffentlichten *Chants de Maldoror* wurde er von den Surrealisten als Ahnherr gefeiert.
Dullin, Charles	(1885–1949), französischer Schauspieler, Regisseur, Theaterdirektor und Leiter einer Schauspielschule. Im Dezember 1922 wurde in seinem Théâtre de l'Atelier Cocteaus Stück *Antigone* uraufgeführt; Dullin selbst hatte die Rolle des Kreon übernommen.
Duncan, Isadora	(1878–1927), amerikanische Tänzerin, die den sogenannten »freien Tanz« vertrat; verbrachte viele Jahre in Europa.
Dupuytren-Museum	Museum in Paris, das für seine Sammlung anatomischer Abnormitäten bekannt ist.
Foucauld, Charles de	(1858–1916), ursprünglich Offizier, wurde er später Priester und zog sich in eine Einsiedelei in die Sahara zurück. Nach seinem Beispiel und den Lehren seiner

	Schriften sollten sich dann verschiedene religiöse Gemeinschaften richten; der in dem *Brief an Jacques Maritain* erwähnte Pater Charles gehörte zu einer von ihnen.
Fratellini, François	(1879–1951), bildete mit seinen Brüdern ein in Paris und ganz Europa berühmtes Clown-Trio.
Gaboriau, Emile	(1832–1873), französischer Schriftsteller; gilt als einer der »Väter« des Kriminalromans.
Garros, Roland	(1888–1918), französischer Fliegeroffizier. Cocteau hatte sich mit ihm während des Ersten Weltkriegs befreundet und durfte ihn auf einigen Flügen begleiten; er widmete Garros seinen Gedichtband *Le Cap de Bonne Espérance,* in dem er sich von den Eindrücken dieser Flüge inspirieren ließ. Garros kam bei einem Kampfeinsatz ums Leben.
Gilot, Françoise	Picassos Lebensgefährtin in der zweiten Hälfte der vierziger und Anfang der fünfziger Jahre.
Gobineau, Joseph Arthur de	(1816–1882), Schriftsteller und Rassentheoretiker.
Grévin-Museum	Pariser Wachsfigurenkabinett.
Guitry, Lucien	(1860–1925), Schauspieler.
Honegger, Arthur	(1892–1955), Komponist, gehörte zur »Gruppe der Sechs« (s. Auric).
Hugo, Jean	Maler und Bühnenbildner, zählte zu Cocteaus Freundeskreis.
Ingres, Auguste Dominique	(1780–1867), Maler, der nach idealischer Formgebung strebte; Gegner Delacroix'.
Jacob, Max	(1876–1944), französischer Dichter und Schriftsteller, Freund Cocteaus. Er hatte sich zum Katholizismus bekehrt. Während des Zweiten Weltkriegs wurde er von den deutschen Besatzern in ein Konzen-

	trationslager verschleppt, wo er an Lungenentzündung starb.
Kisling, Moïse	(1891–1953), französischer Maler polnischer Herkunft.
La Fayette, Marie-Madeleine de	(1634–1693), Schriftstellerin der französischen Klassik; ihr berühmtestes Werk ist der von Cocteau 1961 für den Film bearbeitete Roman *La Princesse de Clèves.*
Laloy, Louis	(1874–1944), Musikwissenschaftler.
Laurens, Henri	(1885–1954), französischer Bildhauer.
Lemaitre, Jules	(1853–1914), Schriftsteller.
Lipschitz, Jacques	(1891–1973), französischer Bildhauer polnischer Herkunft; einer der ersten kubistischen Bildhauer.
Lorrain, Claude	eigentlich Claude Gellée (1600–1682), französischer Maler.
Lugné-Poë, Aurélien Marie	(1869–1940), einflußreicher Pariser Theaterdirektor, der zahlreiche zeitgenössische Autoren vorstellte; gründete das Théâtre de l'Œuvre.
Maelzel, Johann Nepomuk	(1722–1838), deutscher Instrumentenbauer. Er reiste u.a. durch Amerika und stellte einen aufsehenerregenden mechanischen Schachspieler zur Schau.
Mantegna, Andrea	(1431–1506), italienischer Maler.
Massis, Henri	(1886–1970), katholischer Schriftsteller.
Maurras, Charles	(1868–1952), französischer Schriftsteller, Monarchist; leitete mit Léon Daudet die rechtsradikale Zeitschrift »L'Action française«, das Organ der gleichnamigen politischen Gruppierung.
Meyer, Arthur	(1844–1912), französischer Journalist, Antidreyfusianer, leitete die Zeitung »Le Gaulois«.
Michal	biblische Gestalt des Alten Testaments; Tochter des Saul, Frau König Davids. Als David in religiöser Begeisterung vor der

Bundeslade tanzte, die eben nach Jerusalem gebracht worden war, machte sie sich über ihn lustig und begegnete ihm mit Verachtung. Zur Strafe wurde sie unfruchtbar.

Milhaud, Darius — (1892–1974), Komponist der »Gruppe der Sechs«, schrieb die Musik zu Cocteaus Mimodram *Le Bœuf sur le toit,* zu seinem Ballett *Le Train bleu* und zu seiner »Mini-Oper« *Le Pauvre Matelot.*

Mugnier, Arthur — (1853–1944), Priester, verfügte in den literarischen und mondänen Salonkreisen über einigen Einfluß.

Musset, Alfred de — (1810–1857), Schriftsteller der französischen Romantik.

Nijinsky, Waslaw Fomitsch — (1890–1950), Tanzstar des berühmten Russischen Balletts von Serge Diaghilew, für das auch der junge Cocteau einige Zeit arbeitete.

Noailles, Anna de — (1876–1933), französische Dichterin rumänischer Herkunft, Persönlichkeit der mondänen Pariser Gesellschaft. Der junge Cocteau verkehrte viel mit ihr und zeichnete 1935 in *Portraits-Souvenir* (Die Farben der Erinnerung) ihr Porträt.

Pawlowa, Anna — (1882–1931), russische Tänzerin; tanzte 1909–1911 zusammen mit Nijinsky in Serge Diaghilews Russischem Ballett in Paris.

Péguy, Charles — (1873–1914), zu Beginn dieses Jahrhunderts in Frankreich einflußreicher Schriftsteller; er vertrat einen antimaterialistischen Sozialismus und schlug zunehmend eine christlich-mystische und nationalistische Richtung ein.

Pergolese, Giovanni Battista — (1710–1736), italienischer Komponist.

Picabia, Francis (1879–1953), französischer Maler und Schriftsteller spanischer Herkunft; arbeitete mit den Dadaisten zusammen.

Pinard, Ernest (1822–1909), Politiker und Staatsanwalt; er hatte Flauberts Roman *Madame Bovary* und Baudelaires Gedichte *Les Fleurs du mal* strafrechtlich verfolgt.

Poincaré, Henri (1854–1912), Mathematiker und Wissenschaftstheoretiker.

Poulenc, Francis (1899–1963), Komponist der »Gruppe der Sechs« (s. Auric). Seine Ballettmusik *Les Biches* stammt aus dem Jahr 1924.

Poussin, Nicolas (ca. 1594–1665), französischer Maler.

Radiguet, Raymond (1903–1923), Dichter und Romancier; engster Freund und Geliebter Jean Cocteaus zu Beginn der zwanziger Jahre. Er schrieb die Romane *Le Diable au corps* (Den Teufel im Leib) und *Le Bal du comte d'Orgel*.

Ray, Man (1890–1976), amerikanischer Maler und Photograph. In den zwanziger und dreißiger Jahren und dann wieder ab 1951 lebte er in Paris. Er arbeitete mit den Dadaisten und Surrealisten zusammen und nutzte die photographische Technik auf neue künstlerische Weise.

Redon, Odilon (1840–1916), französischer Maler und Graphiker.

Réjane eigentlich Gabrielle-Charlotte Réju (1856–1920), Schauspielerin.

Renan, Ernest (1823–1892), französischer Schriftsteller, Orientalist und Religionswissenschaftler.

Reverdy, Pierre (1889–1960), Dichter.

Robert-Houdin, Jean-Eugène (1805–1871), berühmter Zauberkünstler, der in Paris ein Theater unterhielt; sein Sohn Jean-Jacques führte es später fort.

Sainte-Beuve, Charles-Augustin	(1804–1869), Literaturkritiker; hatte anfangs auch Lyrik und einen Roman verfaßt.
Saint-Just	(1767–1794), gehörte zur radikalen Fraktion der bürgerlichen Revolutionäre um Robespierre und hatte während der »Terreur« genannten Phase der Französischen Revolution großen Einfluß. Bei Robespierres Sturz wurde er mit diesem hingerichtet.
Saint-Saëns, Camille	(1835–1921), Komponist.
Salmon, André	(1881–1969), Schriftsteller, Freund Guillaume Apollinaires.
Satie, Erik	(1866–1925), französischer Komponist, eigenwilliger Vertreter einer neoklassizistischen Richtung, die Cocteau in *Le Coq et l'Arlequin* (Hahn und Harlekin) verfocht und verteidigte. Er strebte in seinen Kompositionen eine schmucklose Einfachheit an. Großen Einfluß übte er insbesondere auf die als »Gruppe der Sechs« bekannt gewordenen jungen Komponisten aus (s. Auric).
Stein, Gertrude	(1874–1946), amerikanische Schriftstellerin; lebte seit 1903 in Paris und stand mit den avantgardistischen Malerkreisen in enger Verbindung.
Uccello, Paolo di Dono	(1397–1475), italienischer Maler.
Vaucanson, Jacques de	(1709–1782), Mechaniker; konstruierte verschiedene, allseits beachtete Automaten, darunter die berühmte mechanische Ente.
Vigny, Alfred de	(1797–1863), Schriftsteller der französischen Romantik.

NACHWORT

Jean Cocteau hat im Lauf seines Lebens zahllose Essays und Artikel geschrieben. Ihr Gegenstand ist auf die eine oder andere Weise stets die Kunst. Er verspürte also das Bedürfnis, sich und seinen Lesern Rechenschaft darüber zu geben, was sie ihm bedeutete, wie er sie verstand. Doch theoretische Strenge braucht man von seinen Essays nicht zu erwarten, er betrachtet sie als einen weiteren Zweig seiner künstlerischen Tätigkeit und unterstreicht dies unübersehbar, indem er sie als »Kritische Poesie« bezeichnet.

Der vorliegende Band bietet eine Auswahl aus seinen essayistischen Texten der zwanziger Jahre, ergänzt um eine Rede von 1953.

Im Sommer 1921 hält sich Cocteau mit seinem Freund, dem jungen Schriftsteller Raymond Radiguet, in Le Piquey bei Arcachon an der Atlantikküste auf. Hier verfaßt er *Das Berufsgeheimnis (Le Secret professionnel)*, in dem er programmatisch seine Kunstauffassung darlegt. Diese Betrachtungen dienen ihm auch als Grundlage zu Vorträgen, die er im Dezember desselben Jahres vor Studenten in Genf und Lausanne halten wird; ihnen widmet er die Schrift, als sie 1922 erscheint. Sie ist eine Art poetisches Manifest, mit dem Cocteau seine Stellung gegenüber der zeitgenössischen Kunstszene und der literarischen Tradition des 19. Jahrhunderts bestimmt. Deutlich trägt er einen Avantgardeanspruch vor: Er nimmt, wie er selbst zugibt, eine recht hochtrabende Haltung ein, um sich auf einsamer Höhe als Vorkämpfer der wahren Poesie darzustellen. Doch im Vergleich zum häufig sehr scharfen und arroganten Ton der dadaistischen und surrealistischen Verlautbarungen dieser Jahre wirkt *Das Berufsgeheimnis* durchaus dezent; am Ende scheint sich Cocteau fast schon für seine Angriffe zu entschuldigen und zu beteuern, im Grunde wolle er niemandem weh tun.

Er wendet sich vor allem gegen die literarische Geste, gegen eine Kunst, die dank ihres Stils und nicht aufgrund ihres Gehalts als solche gelten möchte; auch den Dadaismus zählt er dazu. Bestärkt durch Radiguet, der in Le Piquey an seinem ersten Roman *Le Diable au corps* (Den Teufel im Leib) schreibt, tritt er für eine neue »klassizistische« Form ein, die allen Zierat beiseite läßt und sich um unverstellten Ausdruck des poetischen Gedankens bemüht. Cocteaus literarische Arbeiten des Jahres 1922, insbesondere die Romane *Die große Kluft* und *Thomas der Schwindler,* werden diese ästhetische Orientierung widerspiegeln. Poesie, wie er sie begreift, ist nicht vorrangig das Ergebnis kunstvoller Konstruktion, sondern ein Bewußtseinszustand, der die ganze Existenz des Künstlers in Mitleidenschaft zieht. Sie sei das Element des Wunderbaren, das das Leben durchfließe. Es komme zum Vorschein, wenn die Dinge aus ihrem gewohnten Zusammenhang heraustreten. Daran habe die Kunst zu arbeiten, so werde sie zum Instrument der Poesie. Als Beispiel nennt Cocteau sein 1921 uraufgeführtes Tanztheater *Die Hochzeit auf dem Eiffelturm;* darin wollte er die poetische Kraft der Gemeinplätze freisetzen, indem er sie beim Wort nahm.

Zwei Themen spricht Cocteau in diesem Aufsatz an, die für sein Werk von besonderer Bedeutung sind: die Engel und vor allem den Tod. Im Bild des Engels verkörpert sich die über die Wirklichkeit hinausschießende, aber noch in ihr wurzelnde Wunderwelt der Poesie. Cocteaus gesamtes Werk begleiten diese menschlich-göttlichen Zwitterwesen. Der Dichter habe Anteil an solcher Engelsnatur; dadurch entferne er sich von der Gesellschaft und ihren Sitten, und dies gereiche ihm zu Ruhm und Fluch zugleich. Cocteaus Engel sind keine erbaulich jubilierenden Geschöpfe. Denn das Wunderbare seiner Poesie, das einem Riß im Gewebe der praktischen Zwecke entspringt, konfrontiert mit der Leere des Todes; der Dichter gehört nicht mehr ganz dieser Welt, steht mit einem Bein schon im Tod – so hat sich Cocteau zeit seines Lebens gesehen. Unter dem Blick des Dichters tut sich in der Welt ein Abgrund auf, der über sie hinaus, auf etwas unfaßbares Anderes, Unwirkliches verweist. Das verbindet die Poesie mit der Religion. Nur fehlt ihr jedes bestimmbare Jenseits, für Cocteau ist die Kunst eine diesseitige Religion, deren dunkle Tiefen sich im Menschen selbst verbergen. Allerdings wird er drei Jahre später seine Kunstreligion mit dem katholischen Glauben zu verschmelzen versuchen; doch dies bleibt ein kurzes Zwischenspiel, wenn auch der metaphysische Grundzug seiner Poetik den Übergang zum Glauben nie ausschloß.

In dem Artikel *Zu Thomas dem Schwindler (Autour de Thomas l'imposteur)*, der am 27. Oktober 1923 in der Zeitschrift *Les Nouvelles Littéraires* erscheint, kommentiert Cocteau seine beiden im selben Jahr veröffentlichten Romane *Die große Kluft (Le Grand Ecart)* und *Thomas der Schwindler*. Er bekräftigt sein Bemühen um einen klaren, unpathetischen Stil. Mit kokett abgeklärter Rhetorik entgegnet er den Kritikern, die ihm leichtfertige Ästhetisierung oder mangelnde Tiefe vorwerfen.

1926 hat Cocteau *Zu Thomas dem Schwindler* und *Das Berufsgeheimnis* in seine Essaysammlung *Le Rappel à l'ordre* (Der Ruf zur Ordnung) aufgenommen.

Im Dezember 1923 stirbt mit zwanzig Jahren Raymond Radiguet, seit 1919 Cocteaus engster Freund und Geliebter. Cocteau greift zum Opium, um seinen Schmerz zu betäuben. Im Juli 1924 macht er die Bekanntschaft des katholischen Religionsphilosophen Jacques Maritain, der sich auch mit moderner Kunst beschäftigt und bei den Gläubigen unter den Künstlern über einigen Einfluß verfügt. Er wird Cocteau vorübergehend in die Arme der Kirche zurückführen. Es gelingt ihm auch, Cocteau zu einer Entziehungskur zu bewegen: Anfang März bis Ende April 1925 läßt dieser sich in der Klinik *Les Thermes urbains* behandeln. Im Juni 1925 trifft er bei dem Ehepaar Maritain auf den Priester Pater Charles; tief beeindruckt von diesem Mann, besiegelt Cocteau seine Rückkehr zum Glauben, indem er zur Beichte und zur Kommunion geht. Sein Beispiel macht in seinem Freundeskreis Schule, und mehrere junge Künstler lassen sich gleichfalls bekehren. Den Sommer dieses Jahres verbringt er an der Côte d'Azur, in Villefranche-sur-mer. Er beginnt wieder Opium zu rauchen und stürzt sich in die künstlerische Arbeit. Cocteau hat oft von der turbulenten Atmosphäre des Hotels Welcome gesprochen, in dem er dort wohnte (siehe etwa *Die Schwierigkeit, zu sein* oder *Die Farben der Erinnerung*). Hier entstehen nun Gedichte, die später in den Band *Opéra* Aufnahme finden, die beiden Stücke *Œdipe-roi* (König Ödipus) und *Orpheus* sowie im Oktober schließlich der *Brief an Jacques Maritain (Lettre à Jacques Maritain)*.

Der offene Brief schildert, wie er zu seinem neu erwachten Glauben kam, und nimmt das zum Anlaß, seinen bisherigen künstlerischen Weg im Licht dieser »Bekehrung« zu betrachten. In poetischen Bildern stilisiert sich Cocteau zu einem Dichter, dessen aufrichtiges, naturverbunden-unbeholfenes Wesen unter dem trügerischen Trubel der Welt zu leiden habe, zugleich indes führt er seine Ergebenheit in Gott sehr selbstbewußt und offensiv als Mission der Kunst ins Feld, das Wunderbare in der Wirklichkeit zu behaupten. Letzteres Ziel teilt er durchaus mit seinen »Feinden«, den Surrealisten, denen er hier eine kleine Reverenz erweist, freilich nicht ohne den Seitenhieb, die gelebte Poesie, der sie so angestrengt nachjagten, sei von jeher sein natürliches Element. Die Surrealisten ihrerseits sehen sich durch sein Liebäugeln mit dem Katholizismus in ihrem Urteil bestätigt und schelten ihn einen reaktionären Parteigänger des Bürgertums.

Ausführlich geht Cocteau auf seinen Opiumgenuß ein. Ebensowenig wie 1929 in *Opium*, dem »Tagebuch einer Entziehungskur«, verurteilt er hier das Rauschgift; er beschreibt seine Wirkung, erörtert seinen rechten Gebrauch und hält daran fest, daß es, wenngleich schwierig zu handhaben, eine poetische Sicht auf die Welt eröffnen kann. Der vom Opium Berauschte klinke sich aus der Zeit aus und spüre geheimnisvolle Verbindungen, die die Wirklichkeit überlagerten. Cocteau befand sich, wie er selbst schreibt, stets auf der Suche nach einem fundamentalen Geheimnis, das sich hinter dem Gang der Dinge verberge und ihn bestimme; insofern war in seiner Kunst immer auch ein religiöses Bedürfnis am Werk. Seine Wendung zum Katholizismus erlaubt ihm nun, das jenseitige Prinzip beim Namen zu nennen. Doch bald wird sich dieser bestimmte religiöse Sinn wieder verflüchtigen; zurück bleiben ein abstrakter Schicksalsglaube, wie er etwa in dem Stück *Die Höllenmaschine* zum Audruck kommt, und der Kult einer nie greifbaren Wahrheit, deren Hüter die Kunst sei. Die Huldigung an die Religion, die der *Brief an Jacques Maritain* vorträgt, klärt bereits auf, worum es dem Autor dabei im Grunde zu tun ist: Die »Kunst für Gott«, der er hier das Wort spricht, soll ja ausdrücklich nicht Instrument religiöser Inhalte sein, vielmehr nimmt sie, da in ihr das Göttliche ins Leben trete, die Stelle der Religion ein, beerbt sie so ihres metaphysischen Anspruchs auf absolute Geltung. Weit davon entfernt, sich der Kirche unterzuordnen, möchte sich dieser Künstler den Glauben für seine Zwecke dienstbar machen. Besonders das Stück *Orpheus* zeigt, wie Cocteau katholisches Gedankengut seiner Künstlermetaphysik anverwandelt. Seine Religion des Skandals, der Liebe, der Kunst stößt denn auch auf deutliche Vorbehalte beim Adressaten dieses Briefs; Maritains Antwort verweist den Künstler auf sein Feld zurück, und Cocteau für seinen Teil scheint rasch die Stütze der Religion wieder entbehren zu können.

Der Artikel über die Transvestiten-Show des Trapezakrobaten Barbette ist 1926 in der Julinummer der *Nouvelle Revue Française* erschienen. Er illustriert nachdrücklich, daß Cocteau die Kunst als perfekte Inszenierung eines Schwindels versteht, der sich als solcher bewußt ist und seine Natur auch zu erkennen gibt. Das erfordert eine ausgefeilte Technik, immer wieder hat Cocteau die Bedeutung des Handwerklichen, der professionellen Fertigkeit des Künstlers hervorgehoben. Der Essay *Barbette (Le Numéro Barbette)* will den Schleier über dem »Berufsgeheimnis« ein wenig lüften und den Mechanismus der Verzauberung offenlegen. Die Kunst arbeite an einem Scheinbild, das sich über die Wirklichkeit schiebt. Die Faszination entspringe jedoch gerade daraus, daß die Differenz von Schein und Wirklichkeit nicht geleugnet wird und dennoch der Schein seine Überzeugungskraft bewahrt: »Wahrer als wahr«, so hat Cocteau gerne gesagt, sei das Wunderbare der Kunst. »Wahrer« insofern, als sich der ästhetische Schein mit einer subjektiven Wahrheit auflädt, sich in ihm die Wünsche der Menschen niederschlagen; in Cocteaus Werk heißt das in aller Regel, daß die Sexualität ein gewichtiges Wort mitzureden hat – die Erzählung *Das Phantom von Marseille* etwa greift das Thema des Transvestiten wieder auf, und im *Weißbuch* bestimmt die Sexualität ganz unverhüllt den Text. Zum ästhetischen Genuß gehört aber bei Cocteau wesentlich ein Moment der Enttäuschung: daß es gar nicht so ist, wie es das lockende Trugbild behauptete. Dieser »Realismus« schlägt nämlich um in die Feier der Kunst, die allein solchen Zauber gestattet und dem Imaginären eine Heimstatt bietet.

Eine Vorstufe zu diesem Artikel zeigen die handschriftlichen Anmerkungen, mit denen Cocteau ein hier auf S. 169 abgebildetes Selbstporträt umgab. Es gehört zu einer Serie von Selbstporträts, die eine Art poetischer Monolog begleitete. Sie sind 1924 in Villefranche entstanden und wurden im Jahr darauf unter dem Titel *Le Mystère de Jean l'oiseleur* (Das Geheimnis von Jean dem Vogelfänger) veröffentlicht. Der handschriftliche Text lautet übersetzt:

> *Von einem jungen amerikanischen Akrobaten, Vander Clyde, wurde mir eine Lehre zuteil. Unter dem Pseudonym Barbette und als Frau verkleidet führte er im »Casino de Paris« Trapezkunststücke auf. Er schaukelte über dem Publikum, über dem Tod, über dem Lächerlichen, über dem schlechten Geschmack, dem Unschicklichen und dem Skandal, ohne abzustürzen. Dieses hinreißende Wesen machte den netten Frauchen ringsum den Garaus. Sie erloschen, wurden häßlich. Denn indem er die Rolle einer Frau spielte, faßte er sie alle zusammen – keine konnte neben solch plastischer Ausdruckskraft bestehen.*
>
> *Und er trieb die Verwandlung sogar noch auf die Spitze, denn nachdem er eine Minute lang Sand in die Augen gestreut hatte, vermied er nicht einmal mehr die männliche Gestik. Uns bot sich also das Schauspiel einer Amazone.*
>
> INSTINKTIVE BERECHNUNGEN: *Es gilt, sie auf unser Gebiet zu übertragen und sie* ABSICHTLICH *anzustellen.*

Mit der Veröffentlichung des *Weltlichen Geheimnisses (Le Mystère laïc)* im Jahr 1928 trotzt Cocteau den Angriffen der Surrealisten gegen den neuen Stil des Malers Giorgio de Chirico, den sie ursprünglich sehr schätzten; sie werfen ihm seine antikisierende Wendung und überhaupt Verrat am Geist seiner früheren Bilder vor. Giorgio de Chirico also steht im Mittelpunkt dieser poetischen Reflexionen über die Malerei. Doch letztlich geht es Cocteau – wie immer – darum, seine eigene Kunstauffassung zu entwickeln. Bezeichnenderweise wird er diesen Text 1932 mit *Des Beaux-Arts considérés comme un assassinat* (Die Schönen Künste als ein Mord betrachtet), Aphorismen ähnlichen Inhalts, unter dem Titel *Essai de critique indirecte* (Versuch indirekter Kritik) zusammenstellen.* Der Blick fällt mehr auf den Kritiker selbst als auf seinen Gegenstand. Übrigens freute sich Chirico zwar über Cocteaus lebhaftes Interesse an seiner Malerei, dessen Interpretationen teilte er jedoch nicht; dennoch steuerte er zur Originalausgabe des *Weltlichen Geheimnisses* fünf Illustrationen bei und fertigte 1934 zehn Lithographien zu Cocteaus Gedicht *Mythologie* an.

Der Titel *Das weltliche Geheimnis* stellt unmißverständlich klar, daß die Zeiten des *Briefs an Jacques Maritain* endgültig vorüber sind und Cocteau nicht mehr das Jenseits der Religion für die Poesie bemüht. Die Stimmung dieser Aufzeichnungen erinnert häufig an den Gedichtband *Opéra*, in dem Statuen zum Leben erwachen und das Leben zur Kunst gerinnt. Daß ein Echo des Imaginären durch die Welt halle und sie mit den Gefilden des Traums verbinde, ist das Geheimnis, in das Cocteau seine Leser einweihen möchte.

Cocteau hat stets große Stücke auf seine Freundschaft mit Pablo Picasso gehalten – Picasso erwiderte diese Wertschätzung nicht ohne Einschränkung. Ähnlich wie Chirico, stand auch er Cocteaus Deutung seiner Bilder sehr reserviert gegenüber. 1919 bereits hatte Cocteau eine *Ode à Picasso* und 1923 einen Essay über den Maler verfaßt. Am 9. Juni 1953 nun hält er anläßlich einer Picasso-Ausstellung in Rom eine Rede, in der er ungezwungen

* Die Zeilen im *Weltlichen Geheimnis* über seinen Film *Das Blut eines Dichters* von 1930 entstammen natürlich dieser späteren Ausgabe. Die Erstausgabe von 1928 trug schon den Untertitel »Essai d'étude indirecte« (Versuch einer indirekten Studie).

und lebendig seine Sicht dieses Künstlers darlegt und darüber hinaus einen Eindruck von der »heroischen Epoche« der Pariser Künstlerszene in den Jahren vor 1920 vermitteln will. 1957 hat er diese *Römische Improvisation (L'Improvisation de Rome)* in seinen Spanien gewidmeten Essayband *La Corrida du 1er mai* (Der Stierkampf vom 1. Mai) aufgenommen. Es handelt sich dabei um eine vom Autor überarbeitete Fassung seiner Rede; den ursprünglichen, in manchen Passagen abweichenden Wortlaut, wie er auf Tonband aufgezeichnet wurde, hat die Zeitschrift *La Table Ronde* in ihrer Nummer vom Oktober 1953 unter dem Titel *Pablo Picasso* veröffentlicht.

Reinhard Schmidt

BIBLIOGRAPHISCHE HINWEISE

Erstausgaben und Übersetzungen der Werke dieses Bandes:

— *Le Secret professionnel,* Paris: Stock, 1922.
Wiederabgedruckt in: Jean Cocteau, *Le Rappel à l'ordre,* Paris: Stock, 1926, und, leicht gekürzt, in: Jean Cocteau, *Poésie critique I,* Paris: Gallimard, 1959.

— *Autour de Thomas l'imposteur,* in: Les Nouvelles littéraires, Paris, 27. Oktober 1923.
Wiederabgedruckt in: Jean Cocteau, *Le Rappel à l'ordre,* Paris: Stock, 1926 (auf dieser Ausgabe, in der Cocteau einige nebensächliche Sätze des Zeitungsartikels fortgelassen hat, beruht die vorliegende deutsche Übersetzung).

— *Lettre à Jacques Maritain,* Paris: Stock, 1926.
Das Vorwort »Un coup d'épée dans l'eau« (Ein Schlag ins Wasser) sowie drei Fußnoten entstammen der Neuausgabe, in: Jean Cocteau: *Poésie critique II,* Paris: Gallimard, 1960.
deutsche Übersetzungen:
Brief an Jacques Maritain, aus dem Französischen von Maria Sibylla Dahmen, in: *Der Künstler und der Weise. Jean Cocteau, Brief an Jacques Maritain – Jacques Maritain, Antwort an Jean Cocteau,* hrsg. von Karl Eschweiler, Augsburg: Dr. Benno Filser Verlag, 1927.
Für die vorliegende Ausgabe neu übersetzt von Ingrid Axmann.

— *Le Numéro Barbette,* in: La Nouvelle Revue Française, n° 154, Juli 1926. (Mit geringfügigen Veränderungen wiederveröffentlicht, in: Jean Cocteau, *Deux Travestis,* Paris: Fournier, 1947.)
deutsche Übersetzungen:
Barbette, aus dem Französischen von Maria Großmann, in: Der Querschnitt, H. 12, 1926.

Für die vorliegende Ausgabe neu übersetzt von Reinhard Schmidt.
— *Le Mystère laïc*, Paris: Editions des Quatre Chemins, 1928. Auch in: Jean Cocteau, *Essai de critique indirecte*, Paris: Grasset, 1932.
deutsche Übersetzung:
Das weltliche Geheimnis, aus dem Französischen von Friedhelm Kemp, erstmals in: Jean Cocteau, *Versuche (= Essai de critique indirecte)*, München/Wien/Basel: Desch, 1956.
— *L'Improvisation de Rome*, in: Jean Cocteau, *La Corrida du 1er mai*, Paris: Grasset, 1957.

Ausgewählte Literatur:

Zur Biographie:

— Frederick Brown: *An Impersonation of Angels*, New York, 1968. Deutsche Übersetzung: *Ein Skandal fürs Leben*, Bern/München, 1980.
— André Fraigneau: *Cocteau par lui-même*, Paris, 1957. Deutsche Übersetzung: *Jean Cocteau in Selbstzeugnissen und Bilddokumenten*, Reinbek, 1961.
— Jean-Jacques Kihm/Elizabeth Sprigge/Henri C. Béhar: *Jean Cocteau. L'homme et les miroirs*, Paris, 1968. Deutsche Übersetzung: *Jean Cocteau. Sein Leben – ein Meisterwerk*, bearbeitet von Friedrich Hagen, München/Wien/Basel, 1970.
— Francis Steegmuller: *Cocteau. A Biography*, Boston/Toronto, 1970. Französische Übersetzung: *Cocteau*, Paris, 1973.

Zum Werk:

— Jacques Brosse: *Cocteau*, Paris, 1970.
— Jean Cocteau: *Entretiens avec André Fraigneau*, Paris, 1965.
— Lydia Crowson: *The Esthetic of Jean Cocteau*, New Hampshire, 1978.
— Philippe Dulac: *Cocteau critique*. In: La Nouvelle Revue Française, n° 373, Februar 1984; S. 69–75.

— André Fermigier: Einleitung und Kommentare zu der Anthologie *Jean Cocteau, Entre Picasso et Radiguet,* Paris, 1967.
— Hans Rudolf Kautz: *Dichtung und Kunst in der Theorie Jean Cocteaus,* (Dissertation) Heidelberg, 1970.
— Gérard Mourgue: *Cocteau,* Paris, 1965.
— André Rousseaux: *Les Lettres de Jean Cocteau et de Jacques Maritain.* In: Revue Universelle, 25, 1926; S. 617–623.
— Elke Schellenberg: *Studien zu Jean Cocteaus Funktionsbestimmung von Kunst und Literatur,* (Dissertation) Marburg, 1972.

Weitere Literatur zu Cocteau findet sich in der Bibliographie des Bandes »Kritische Poesie IV« dieser Ausgabe.

VERZEICHNIS DER ABBILDUNGEN

S. 179 *Isadora (Duncan) débute,* aus *Portraits-Souvenir,* 1935.

S. 185 *P. Picasso/Igor Strawinsky,* aus *Dessins,* 1923.

S. 195 Cocteau mit einer seiner Skulpturen aus Pfeifenstopfern, um 1928 (Photographie von Man Ray).

S. 203 Selbstporträt aus *Le Mystère de Jean l'oiseleur,* 1925. (Übersetzung des handschriftlichen Textes: »ZWEI VÖGEL.

Der Kubismus hat seinen Ursprung bei Paolo di Dono (Uccello).

Apollinaire war ein eifriger Leser Marcel Schwobs, und er erzählte Picasso von seiner Lektüre. Jedes Samenkorn, das Picasso aufnimmt, blüht eines Tages zu übernatürlichen Ergebnissen auf.

Donatello gab di Dono den Beinamen ›Der Vogel‹, Apollinaire nannte Picasso den ›Vogel von Benin‹ – ein Vogel aus Kupfer und Bronze, der aus Benin kam und den Arbeitstisch des Dichters schmückte, hatte ihn darauf gebracht.

Der Lichtstrahl des Kinematographen flicht die Bilder in einer Weise, die unser Auge nicht zu lesen versteht. Es muß ihn erst eine flache Oberfläche durchschneiden. Dann kann unser Auge sie entziffern und kommt auf seine Kosten.

Es gibt einen Himmel, in dem Gott die menschliche Realität zusammensetzt. Unbekannte geometrische Systeme überlagern sich dort. Uccello hat diesen Himmel entdeckt, aber er ging sich selbst auf den Leim, und die anderen wiederum ihm, da er nur Scheinbilder göttlicher Dinge zeichnete. Picasso hat den Himmel entdeckt und die Mauer, die die Linien ins Freie entläßt. P. Uccello starb an Einsamkeit; P. Picasso verdient den Dank der Menschen.«)

S. 213 *Le mauvais lieu VIII,* aus *Dessins,* 1923.

S. 221 Umschlag des Programms zu der Uraufführung von *Cantate* – einem Gedicht von Jean Cocteau, zu dem Igor Markevitch die Musik schrieb –, Paris, 1930.

S. 229 *Pablo Picasso,* Rom, Ostersonntag, 8. April 1917 (Sammlung Carole Weisweiller).

S. 239 *Souvenirs du Ballet Russe: Les Coulisses à la fin du »Spectre de la Rose«* (Hinter den Kulissen des Russischen Balletts, am Ende des Balletts »Le Spectre de la Rose«; 1. von links: der Bühnenbildner Léon Bakst; 3. v. links: Serge Diaghilew; 4. und 6. v. links: Misia Sert und José Maria Sert; ganz rechts: der Tänzer Waslaw Nijinsky), aus *Dessins,* 1923.

S. 249 Pablo Picasso und Jean Cocteau 1954 in Cannes.

S. 279 *Serge de Diaghilew,* Rom, 1917.

Alle Zeichnungen von Jean Cocteau.

EINE ÜBERSICHT ÜBER LEBEN UND WERK

1889 am 5. Juli in Maisons-Laffitte nahe Paris als Sohn einer wohlhabenden Familie geboren.

1899 5. April: Jeans Vater begeht aus ungeklärten Gründen Selbstmord.

1900–1906 Schulbesuch in Paris.

1907 gibt nach dem dritten erfolglosen Versuch, die Reifeprüfung zu bestehen, seine Schulausbildung auf.

1908 erste Lesung seiner Gedichte; beginnt am mondänen Pariser Gesellschaftsleben teilzunehmen, verkehrt u. a. mit Marcel Proust, Anna de Noailles, Reynaldo Hahn.

1909 erste Buchveröffentlichung: der Gedichtband *La Lampe d'Aladin.* Mitbegründer der luxuriösen literarischen Zeitschrift *Schéhérazade.* Lernt den Leiter des Russischen Balletts, Serge Diaghilew, kennen.

1910 Gedichtband *Le Prince frivole.*

1911 Zeichnungen für das Russische Ballett; macht die Bekanntschaft Igor Strawinskys.

1912 Aufführung seines Balletts *Le Dieu bleu.* Gedichtband *La Danse de Sophocle.*

1913 künstlerische Neuorientierung; distanziert sich von seiner gesamten bisherigen Arbeit und wird fortan die Liste seiner Werke mit dem in diesem Jahr entstehenden Prosawerk *Le Potomak* beginnen lassen.

1914 Erster Weltkrieg; vom Kriegsdienst zurückgestellt, zeitweise als freiwilliger Ambulanzhelfer an der Front. Mitbegründer der Zeitschrift *Le Mot.*

1915 schreibt an Gedichten zu *Le Cap de Bonne Espérance* und *Discours du grand sommeil* (Rede vom großen Schlaf). Pflegt den Umgang mit den Künstlern von Montmartre und Montparnasse, mit Max Jacob, Picasso, Cendrars, Apollinaire, Erik Satie. Gegen Ende des Jahres erneut als Ambulanzhelfer in Nieuport.

1916 läßt sich endgültig ausmustern. Arbeitet mit Satie und Picasso an dem Ballett *Parade*.

1917 mit Picasso und Strawinsky in Rom, wo Diaghilew *Parade* vorbereitet. Mai: Uraufführung von *Parade* in Paris.

1918 veröffentlicht das musik- und kunsttheoretische Manifest *Le Coq et l'Arlequin* (Hahn und Harlekin).

1919 lernt den erst sechzehnjährigen Dichter Raymond Radiguet kennen, der bald sein engster Freund wird. Artikelserie *Carte Blanche* über die Pariser Künstlerszene. *Le Cap de Bonne Espérance*, *Ode à Picasso* und *Le Potomak* erscheinen.

1920 Uraufführung des Mimodrams *Le Bœuf sur le toit* (Der Ochs auf dem Dach). Gründet mit Radiguet die Zeitschrift *Le Coq*, veröffentlicht *Poésies 1917–1920*.

1921 Uraufführung von *Les Mariés de la tour Eiffel* (Die Hochzeit auf dem Eiffelturm).

1922 langer Aufenthalt in Le Lavandou und Pramousquier an der Côte d'Azur mit Radiguet; schreibt hier *Le Grand Ecart* (Die große Kluft), *Thomas l'imposteur* (Thomas der Schwindler) und *Plain-Chant* (Choral). Der Gedichtband *Vocabulaire* (Wortschatz) und der Essay *Le Secret professionnel* (Das Berufsgeheimnis) erscheinen. Dezember: Uraufführung von *Antigone*.

1923 Rede *D'un ordre considéré comme une anarchie*. 12. Dezember: Raymond Radiguet stirbt an Typhus. *Le Grand Ecart*, *Thomas l'imposteur* und *Plain-Chant* erscheinen.

1924 Uraufführung seiner Shakespeare-Bearbeitung *Roméo et Juliette* und des Balletts *Le Train bleu*. Versammelt die meisten seiner bisherigen Gedichte in *Poésie (1916–1923)*. Massiver, regelmäßiger Opiumgenuß. Der katholische Religionsphilosoph Jacques Maritain führt ihn vorübergehend in die Arme der Kirche.

1925 Entziehungskur auf Drängen Maritains. Sommer: in Villefranche an der Côte d'Azur Arbeit an Gedichten zu *Opéra*, an den Stücken *Oedipe-Roi* (König Ödipus) und *Orphée* sowie an *Lettre à Jacques Maritain* (Brief an J. Maritain). Veröffentlicht das Gedicht *L'Ange Heurtebise* (Der Engel Heurtebise).

1926 Premiere von *Orphée*. Es erscheinen *Le Rappel à l'ordre* mit großteils bereits publizierten essayistischen Texten, die Zeichnungen *Maison de santé* und *Lettre à Jacques Maritain*, das seinen Bruch mit dem offiziellen Katholizismus einleitet.

1927 befreundet sich mit dem jungen Schriftsteller Jean Desbordes. Strawinskys Oratorium *Oedipus Rex* wird mit Cocteaus ins Lateinische übersetztem Text uraufgeführt. *Opéra. Œuvres poétiques (1925–1927)*. Dezember: schreibt *Le Livre blanc* (Das Weißbuch).

1928 veröffentlicht *Le Mystère laïc* (Das weltliche Geheimnis) und, anonym, *Le Livre blanc*. Im Dezember: erneute Entziehungskur, während der er *Les Enfants terribles* (Kinder der Nacht) und *Opium. Journal d'une désintoxication* (Tagebuch einer Entziehungskur) verfaßt.

1929 verläßt im März die Klinik. Veröffentlichung von *Les Enfants terribles*.

1930 Uraufführung von *La Voix humaine* (Die geliebte Stimme). Dreht den Film *Le Sang d'un poète* (Das Blut eines Dichters). *Opium* wird veröffentlicht.

1931 erkrankt im Sommer in Toulon an Typhus.

1932 erste Vorführung von *Le Sang d'un poète;* schreibt *La Machine infernale* (Die Höllenmaschine). Es erscheint *Essai de critique indirecte* (Versuche), das *Le Mystère laïc* und *Des Beaux Arts considérés comme un assassinat* (Die Schönen Künste als ein Mord betrachtet) enthält.

1933 *Le Fantôme de Marseille*. Im Dezember Entziehungskur. Trennung von Jean Desbordes.

1934 Uraufführung von *La Machine infernale*.

1935 Die Erinnerungsskizzen *Portraits-Souvenir* (Die Farben der Erinnerung) erscheinen in der Zeitung *Le Figaro.*

1936 Weltreise mit seinem Freund Marcel Khill, um Jules Vernes *Reise um die Welt in 80 Tagen* zu verwirklichen; die Reportagen erscheinen in der Zeitung *Paris-Soir.*

1937 lernt Jean Marais kennen, mit dem ihn eine lebenslängliche Freundschaft verbinden wird. Uraufführung von *Les Chevaliers de la Table Ronde* (Die Ritter von der Tafelrunde).

1938 Uraufführung von *Les Parents terribles,* das in Paris kurzzeitig als sittenwidrig von den öffentlichen Bühnen verbannt wird.

1939 schreibt *La Fin du Potomak.*

1940 Uraufführung von *Les Monstres sacrés.* Zieht sich, als die deutschen Truppen in Paris einmarschieren, nach Perpignan zurück. Neuerliche Entziehungskur. Im Herbst Rückkehr in das besetzte Paris.

1941 Uraufführung von *La Machine à écrire* (Die Schreibmaschine). Heftige Angriffe der rechten Presse. Schreibt das Versdrama *Renaud et Armide;* veröffentlicht die Gedichte *Allégories.*

1942 Sein Artikel *Salut à Breker* anläßlich einer Pariser Ausstellung des im Dritten Reich hochgeschätzten Bildhauers Arno Breker ruft einige Empörung hervor. Setzt sich vor Gericht für den angeklagten Schriftsteller Jean Genet ein.

1943 20. Januar. Tod seiner Mutter. Uraufführung von *Renaud et Armide.* Drehbuch zu dem Film *L'Eternel Retour* von Jean Delannoy. Essay *Le Mythe du Greco.*

1944 Sein alter Freund Max Jacob stirbt, von den Nazis deportiert. Jean Desbordes wird der Untergrundtätigkeit bezichtigt und von der Gestapo zu Tode gefoltert.

1945 dreht den Film *La Belle et la Bête* (Die Schöne und das Tier). Schreibt die Dialoge zu dem Film *Les Dames du Bois de Boulogne* von Robert Bresson. Das lange Gedicht *Léone* erscheint.

1946 Uraufführung von *L'Aigle à deux têtes* (Der Doppeladler) und des Balletts *Le Jeune Homme et la Mort;* das Gedicht *La Crucifixion* und *La Belle et la Bête. Journal d'un film* erscheinen.

1947 Roberto Rossellini verfilmt *La Voix humaine,* Cocteau selbst *L'Aigle à deux têtes.* Essayband *La Difficulté d'être* (Die Schwierigkeit, zu sein). Lernt Edouard Dermit kennen, den er später zu seinem Adoptivsohn machen wird. Erwirbt mit Jean Marais ein Haus in Milly-la-Forêt.

1948 verfilmt *Les Parents terribles.* Ende Dezember in New York.

1949 Essay *Lettre aux Américains* (Brief an die Amerikaner). Frühjahr: begleitet eine Theatertruppe auf einer Tournee durch den Nahen Osten, er erzählt diese Reise in *Maalesh.* Dreht im Herbst *Orphée.* Wird zum Ritter der Ehrenlegion ernannt. *Théâtre de poche* (Taschentheater) erscheint. Jean-Pierre Melville verfilmt *Les Enfants terribles.*

1950 Uraufführung des Balletts *Phèdre.* Sein Film *Orphée* erhält in Venedig den internationalen Kritikerpreis.

1951 Präsident der Autoren- und Komponistengewerkschaft. Uraufführung des Stücks *Bacchus. Entretiens autour du cinématographe* (Gespräche über den Film) und *Jean Marais.*

1952 in München erste umfassende Ausstellung des graphischen und malerischen Werks; kurze Aufenthalte in der Bundesrepublik Deutschland. Gedichtband *Le Chiffre sept.*

1953 Uraufführung des Balletts *La Dame à la licorne* in München. Vorsitzender der Jury des internationalen Filmfestivals in Cannes. Erste Reise nach Spanien, das er in den kommenden Jahren mehrmals besuchen wird. *Démarche d'un poète* (Der Lebensweg eines Dichters). Gedichtband *Appogiatures* und Essayband *Journal d'un inconnu* (Tagebuch eines Unbekannten).

1954 10. Juni: Herzinfarkt. Gedichtband *Clair-obscur*.

1955 Aufnahme in die Académie royale de langue et de littérature française de Belgique und in die Académie française.

1956 Dekoration der Kapelle Saint-Pierre in Villefranche. Ehrendoktor der Universität Oxford.

1957 Ehrenmitglied des New Yorker Institute of Arts and Letters. Wandmalereien im Trausaal des Rathauses von Menton. Veröffentlicht die spanischen Impressionen *La Corrida du* 1er *mai*.

1958 Ausstellung seiner Töpfereien. Reden *Discours sur la poésie* und *Les Armes secrètes de la France*. Gedichtband *Paraprosodies*.

1959 Blutsturz; schreibt, ans Krankenbett gefesselt, an den Gedichten zu *Le Requiem*. Uraufführung des Mimodrams *Le Poète et sa muse*. Dreharbeiten zu seinem letzten Film *Le Testament d'Orphée*.

1960 *Le Testament d'Orphée* läuft in den Kinos an. Wird zum »Prince des poètes«, zum »Dichterfürsten« gewählt. Ausstellung des graphischen und malerischen Werks in Nancy.

1961 Kommandeur der Ehrenlegion. Gedichtband *Cérémonial espagnol du Phénix suivi de La Partie d'échecs*.

1962 Uraufführung von *L'Impromptu du Palais-Royal* in Tokio. Der autobiographische Essay *Le Cordon ombilical* und *Le Requiem* erscheinen.

1963 22. April: Herzanfall. Zieht sich in sein Haus nach Milly zurück; dort stirbt er am 11. Oktober.

Für weitere Informationen zu Leben und Werk sei auf den Band »Erzählende Prosa I« dieser Ausgabe verwiesen. Eine ausführliche Bibliographie enthält der Band »Kritische Poesie IV«.

Französische Literatur des 20. Jahrhunderts